PRE-STEP
16

プレステップ
経済学
経済実験で学ぶ

二本杉剛・中野浩司・大谷咲太／著

齊藤　愼／監修

渡辺利夫／シリーズ監修

弘文堂

はじめに

　本書は、経済学を初めて学ぶ学生が基本的な考え方を理解し、さらに経済学の魅力を知る手助けとなることを目的として執筆したものである。本書には2つの特長がある。1つ目の特長は「経済学を初めて学ぶ大学生が経済学を身近に感じられる」、2つ目は「経済学の考え方を授業で体験できる」である。

　1つ目の特長は、経済学を初めて学んだときに感じる違和感を避けるためである。経済学は社会のできごとを科学的に考えていく学問である。つまり、中学校の授業にたとえるならば、「社会」だけではなく「数学」の要素も含んでいる。そのため経済学を身近に感じられないことがしばしばある。本書では、この問題に対処するために、翔・麻里子・健太・由紀の4人の大学生活のできごとをもとに、経済学の考え方を説明するという方法を用いている。たとえば、第1章では学祭から比較優位について説明し、第7章では乙女心からゲーム理論を説明している。このような工夫により、学生が経済学と生活の接点を見つけることができると考えている。

　2つ目の特長は、学生に経済学を頭だけではなく体全体で理解してもらうことである。経済学の授業では教員が授業内容を学生に説明する一方通行型の授業が多い。この授業形式だけでは、新鮮な感覚をもち、アンテナが鋭い学生に対して、経済学のおもしろさを十分に伝えるのはかなりむずかしい。この課題を解決するために、わたしたちは広い視野をもつことにした。経済学には「理科」の要素も含まれているのである。つまり授業中に実験ができる。本書では5つの経済実験を用意している。どの経済実験も準備の負担が少なく、初めて経済実験をする教員でも簡単にできるように、指導案を用意している。この指導案では、経済実験の進め方や実験結果の解釈についても丁寧に説明している。まずは第3章の「取引実験」だけでも試していただければと思う。今まで授業中に眠そうな顔をしていた学生も、手・耳・口などを動かしながら経済学を学ぶことで、経済学のおもしろさを理解できると考えている。

　わたしたちは、大学で講義をすると、学生が喜んだり、驚いたりする瞬間に出会うことがある。このような学生はこれからも経済学をしっかりと学ぶだろうと確信する。なぜならば、わたしたちが経済学を本格的に学び、研究するようになったのは、経済学のおもしろさに気がついたからである。本書が経済学の初学者の心を動かすきっかけになることを願っている。

著者一同

プレステップ 経済学

● 目 次

はじめに　3

序　章 ● 日常生活を経済学で考える……………………………8

第 1 章 ● 経済学的な考え方
　　　　　　　　　不器用な健太は学祭で活躍できるか？………………12
　　　1　経済学で学ぶ内容　13
　　　2　経済循環フロー図　14
　　　3　絶対優位と比較優位　16
　　　課題　経済循環フロー図と絶対優位・比較優位　18

第 2 章 ● 需要曲線と供給曲線
　　　　　　　　　牛肉の販売数に影響を与える要因は何か？…………20
　　　1　需要曲線　21
　　　2　需要曲線上の移動と需要曲線のシフト　22
　　　3　供給曲線　23
　　　4　供給曲線上の移動と供給曲線のシフト　24
　　　課題　需要者の経済活動　27

第 3 章 ● 市場の価格調整メカニズム
　　　　　　　　　価格はどのように決まるのか？………………………28
　　　1　市場の分類　29
　　　2　市場需要曲線と市場供給曲線　29
　　　3　市場取引のメカニズム　31
　　　課題　市場の分類と市場均衡　33
　　　経済実験 1　取引実験　145

第 4 章 ● 消費者余剰と生産者余剰
　　　　　　　　　取引利益はどのように測られるのか？………………34
　　　1　消費者余剰　35
　　　2　生産者余剰　36
　　　3　総余剰と超過負担　38
　　　課題　財やサービスの市場取引による利益　41

第5章 ● 需要・供給分析と価格弾力性
ケーキの価格が下がったのはなぜか？ ……………………… 42
1　供給曲線のシフトによる市場均衡の変化　43
2　需要曲線のシフトによる市場均衡の変化　44
3　需要・供給の価格弾力性　46
課題　需要・供給曲線のシフトと市場均衡　48

第6章 ● 労働市場の均衡
有利な就職のためには何が必要？ …………………………… 49
1　労働市場のメカニズム　50
2　賃金格差はなぜ生じるのか　54
課題　労働市場の均衡を計算してみよう　56

第7章 ● 戦略形ゲーム
友情と愛情どっちをとる？ …………………………………… 57
1　ゲーム理論とは何か　58
2　ゲーム理論を用いた予測　60
3　ナッシュ均衡　61
4　パレート効率性　63
課題　戦略形ゲームでの分析　66
経済実験2　数当て実験　147

第8章 ● 展開形ゲーム
強盗の脅しは有効か？ ………………………………………… 67
1　ゲームと手番　68
2　ゲーム・ツリーの書き方・見方　68
3　後ろ向き推論　70
課題　参入阻止ゲーム　74
経済実験3　交渉実験　149

第9章 ● 独占と寡占
なぜ高すぎる価格を付けるのか？ …………………………… 75
1　独占市場　76
2　寡占市場　80
課題　ガソリンを購入する　83
経済実験4　クールノー競争実験　151

第10章 ● 公共財と外部性

街灯を設置するお金は集まるのか？ ……………………………… 84

1　公共財　85
2　フリーライダー問題　85
3　外部性　87

課題　外部性と公共財　89

経済実験5　投資実験　153

第11章 ● 情報の役割

知らないとだまされる？ ……………………………… 90

1　期待値とは　91
2　逆選択　91
3　モラルハザード　95

課題　レモン市場と過剰診療問題　98

第12章 ● マクロ経済指標

パン工場の経済活動はどうやって測る？ ……………………… 99

1　GDPとは何か　100
2　名目と実質　102
3　物価指数とは何か　104

課題　GDPを計算してみよう　107

第13章 ● マクロ経済政策

どうしたら景気は回復するのか？ ……………………………… 108

1　総需要曲線と総供給曲線　109
2　ケインジアンの交差図　110
3　貨幣市場　112

課題　ケインジアンの交差図と経済政策　116

第14章 ● 貿易の利益

なぜ貿易は自由がいいのか？ …………………………………… 118

1　貿易の利益　119
2　貿易の利益は誰に分配されるのか　119
3　世界の貿易状況　123
4　保護貿易　124

課題　貿易の利益を計算してみよう　127

終　章 ● 経済学を楽しむために
　　　研究フロンティアと参考文献……………………………………128
　　1　経済学を学習する意義　129
　　2　参考文献　132

課題の解答　134
経済実験　144
おわりに　155
索引　156
もっと知りたい人のために一覧　157
コラム一覧　157

| 登場人物紹介 | 本書には同じサークルに所属する4人の学生が登場します。海外旅行でトラブルに巻き込まれたり、就活や恋愛に悩んだりと、大学生活のさまざまなシーンが描かれています。4人は問題や疑問にぶつかるたびに経済学を用いて考え、解決の糸口を見つけようとします。みなさんも自分だったらどうするか、考えながら読んでみてください。 |

翔（経済学部）
スポーツ万能で学業も優秀だが歌が苦手でひそかに悩んでいる。4人のリーダー的存在で無類のネコ好き。

麻里子（経済学部）
活発で明るい性格の持ち主。しっかりもので合理的な考え方をする。服はバーゲンでしか買わない。

健太（商学部）
いつもマイペースなムードメーカー。食べることが大好きだが、好き嫌いが激しいこだわり屋。

由紀（法学部）
友達思いでおっとりした女の子。人気のスイーツには目がないが、大食いで食べ始めると止まらない。

| 経済実験について | 3章、7章、8章、9章、10章には経済実験が付属します。経済実験については144頁の解説を参照してください。145頁以下のシートは切り取って提出できます。 |

序章　日常生活を経済学で考える

　日常生活で買うモノ（商品）とサービスの値段（価格）について考えたことがありますか。百均にある商品のように安い商品もあれば、ブランド商品のようにめったに買えない高いモノもありますが、なぜそんなに値段が違うのでしょうか。どのようにして決まっているのでしょうか。

　人々がどうしても欲しいモノには高い値段がつき、それほどの高い価値を認めないモノは安く売られています。このような仕組みを市場経済といい、私たちが住む日本や他の多くの国で、このような仕組みが採用されています。どのようにして、消費者の欲しい数量や生産量が決まるかを本書の各章で説明していきます。

1　毎日の生活で支払うモノ・サービスの値段

　健太は大学に行く電車の中でスマホを見ながら、今乗っている電車の料金がなぜ片道270円なのか、半年定期が19,340円に決まっているのか、ふと疑問に思いました。往復で540円ということは、半年間に36回大学に行くと得になります。1か月に6回、つまり週あたり1回半大学に行けば元が取れるのです。興味を持った健太は、ネット上で通勤定期の料金を調べてみました。すると同じ半年で54,540円と、3倍近く違うことがわかりました。そこで東京の地下鉄で同じ料金になる区間を調べてみたところ、通学定期が26,300円と健太の定期より高いのに、通勤定期は46,770円と安いことがわかりました。

　そういえば、毎日の生活で支払っている代金・料金がどのように決まっているのか、健太はこれまで考えたこともなかったのです。雑誌、ハンバーガー、ケーキなどのモノや、携帯の通信料、学習塾などサービスの値段は競争により決まっています。多くのモノやサービスの値段は自由に決まりますが、鉄道料金や電気料金などのように国の規制を受けている料金や、地方自治体が決める水道料金などの公共料金もあります。

2　労働の対価と失業

　いろいろな商品に値段が付くのと同じように、人の労働にも値段が付きます。毎月の給料（とボーナスの合計の年収）や時給は労働の対価としての値段です。1991年頃のバブル崩壊後からの20年を「失われた20年」と呼ぶことがありますが、97年からは平均的な年収はほぼ下がり続けていま

す。民間の平均給与でみると、97年の467万円から、2014年の415万円まで、年収で52万円 (11%) も減っています。生活も大変なはずです。家計収入の変化は学生が感じる最も身近な経済問題といえるでしょう。

　雇用の形も大きく変わっています。総務省「労働力調査」の2017年平均でみると、役員を除く雇用者は5,469万人で、このうち正規の職員・従業員は3,432万人、非正規の職員・従業員は2,036万人となっており、働いている人々の3分の1以上が非正規雇用です。また、働きたくても働けない人（完全失業者）が190万人もいます。しかも、学生を含む15～24歳の若年層の失業率が4.6％と平均2.8％よりも高いことがわかります（2017年平均）。働く意欲があっても職に就けない若者が22人に1人いることになりますが、実際に職に就いていない若者はこの数字以上に多いと思われます。その理由は、働く意欲がないとみなされる人は失業者に含まれないからです。大学生の由紀が最も知りたい就職率は2017年3月に大学を卒業した学生で97.6％となっています（厚生労働省と文部科学省の共同調査）。この数字を見ると就職率がかなり高いように思えますが、数字を正確に理解するためには注意が必要です。卒業生には進学希望、自営業や就活を諦めた人などが含まれており、卒業者に占める就職者の割合は72.9％になるので、実際に就職したのは卒業生の4人に3人になります。どの地域での就職を希望するか、どのような職種・企業規模を希望しているか、どの大学に在籍しているかなどによっても就職できる割合は違ってきます。

　若年層の失業率が高いのは日本だけではありません。ヨーロッパやアメリカではもっと高いといわれています。国の財政状態が厳しいギリシャで40.8％ですが、同じように財政状態が悪いスペインでは37.6％にもなりますし、EU平均でも16.4％になります。これらの統計はネット上の"Eurostat"で公表されている2017年10月の数値です。アメリカの若年層の失業率は10％とされています。ただし、統計の取り方がすこしずつ異なるので、比較には注意が必要です。

　経済環境の変化は就職や失業などの形で個人の生活に直接影響をもたらします。自分自身の生活を見通す上でも、経済学を学ぶことは有意義です。

3 本書の構成

本書は第1章で経済学的な考え方を説明した後に、5つのブロックから構成されています。

まず第1のブロックはミクロ経済の基礎です。第2章から第5章までで、商品の価値の決まり方を学ぶことができます。第2章で基本的な考え方を理解した後に、第3章で値段（価格）の決まり方がわかり、その意味を第4章で理解することができます。なぜ価格が上がるのか、または下がるのかは第5章を読むとわかります。ここまでが理解できると、私たちが暮らしている資本主義経済の基礎となっている価格メカニズムがわかります。つまり、モノ・サービスの必要に応じて値段が決まり、必要とされるだけ生産されることになります。

第2のブロックはミクロ経済の応用です。第6章では、応用として労働を取り上げ、給料の決まり方を考えます。就活中の麻里子には最も興味あるテーマかもしれません。第7章から第9章までで、人間や企業がどのように行動するのかを、まるでゲームをしているかのように考えて説明しています。ここで学ぶキーワードは相互依存関係といわれ、ある人または企業の行動は他の人・企業の行動に影響を与えるということです。第7章でゲーム理論の基礎を学んだ後に第8章を読むと、日常生活にも応用できることがたくさんありそうです。第9章では、商品を提供する企業が少ない独占・寡占を取り上げています。一般にもよくいわれるように、独占が生じると値段をつり上げる傾向があります。

第3のブロックはミクロ経済をさらに応用した部分です。第10章では価格メカニズムでは提供されない街灯のような公共サービスについて学び、第11章では経済取引をする際に必要となる情報の役割と意義を説明しています。

第4のブロックはマクロ経済の基礎編です。第12章から第14章では、日本全体としての経済活動をどのように把握するのか、また経済活動に政府がどのようにして影響を与えることができるのかを考えていきます。GDPや公共事業などのよく使われる考え方を説明していますので、公務員を目指す翔には必要な知識といえるでしょう。第14章では、日本のような資源に恵まれない国にとってはたいへん重要な貿易を取り上げ、その意義を説明しています。

終章では経済学の知識がどのように役立つかを説明しています。経済学を学ぶ理由がわからない人、経済学の面白さを知りたい人は、まずこの章を読んでみてください。

4　本書の特長

　本書は他のテキストと大きく違う特長が2つあります。1つは、体験しながら経済学が学べることです。一般的な経済学のテキストや講義では、文字や式・グラフで一方的に説明します。このテキストでは、経済実験と呼ばれる新しい手法を使って、経済学の内容を体験しながら学ぶことができます。楽しみながら経済学を学べるように5つの経済実験を用意しました。興味のある人は、第3章に関連する経済実験1にまずチャレンジしてみてください。「買い手」、「売り手」の意味や、その人たちの行動、そして「市場(しじょう)」が何となく理解できるでしょう。その次に、経済実験1をさらに活用すれば、第4章と第5章で扱うテーマも学習できるため、日常感覚で「市場」の動きがわかるでしょう。

　もう1つの特長は、初めて経済学を学ぶ人のために、徹底的にわかりやすくしたことです。他のテキストでは、需要曲線や供給曲線などが複雑な曲線として示されることが多いのですが、本書ではすべて直線で描いています。また、むずかしい経済用語も、なるべく日常感覚で理解できる説明を心がけました。

5　経済学的な考え方をどのように学ぶか

　経済を理解するためには、まずは自分の身の回りでどのようなことがあるかに興味を持つことから始めましょう。これまで説明したような電車の運賃、ファストフードの料金、アルバイトの時給など、素材はいろいろとあるでしょう。次に、本書で経済学の用語と考え方を学んでください。この本では、大学生の翔、健太、麻里子、由紀が経験すること、考えることを取り上げ、その意味を理解しやすいように例を挙げながらやさしく説明しています。まず、それぞれの章を読んで、自分で考えてみてください。さらに、応用として別の例を思いつくともっとよいでしょう。

　経済を広く知るためには、経済学の他の分野も学ぶ必要があります。この本だけですべてがわかるわけではありませんが、最も基礎的な経済学をわかりやすく書いています。

　この本で学んだみなさんが経済学的な考え方や知識を有効に活用してくださることを期待しています。

齊藤　愼

第1章 経済学的な考え方
不器用な健太は学祭で活躍できるか？

翔、麻里子、健太、由紀の入学した大学では春に学祭があります。4人が所属しているテニス＆スノボサークルはクレープと焼きそばの店を出店し、苦労した甲斐あって、当日は大盛況。ところが大忙しの昼食時を乗り切ってようやく一息ついたところ、健太がとても落ち込んでいます。

> 翔を見てて落ち込んじゃったんだ。だって翔って、クレープも焼きそばも、僕よりずっと手際よくおいしそうに作るんだもん。どうせ僕なんか不器用だからみんなの役には立たないよ。

健太

> う〜ん、困ったなぁ。翔と協力して、午後もおいしいクレープと焼きそばを作ってくれへんかなぁ…。

麻里子

麻里子は落ち込んでいる健太をどのように元気づけようか考えています。あなたが麻里子だったら、健太をどう励ましますか？

学習のポイント
- 経済学が人間や社会をどのように捉えているか理解する。
- 経済循環フロー図でモノとカネの流れを学ぶ。
- 絶対優位と比較優位の違いを理解する。

第1章●経済学的な考え方

1　経済学で学ぶ内容

　経済学という学問は、経済活動を行う人々の行動や経済の仕組みなどについて研究します。抽象的でむずかしいと思うこともあるかもしれませんが、経済現象の理解や経済制度の設計などにたいへん役に立つ学問です。

　経済学では経済活動を行う人々や社会を、どのように捉えて分析するのでしょうか。

> 経済学ではトレード・オフが存在しているときの個人や社会の意思決定を考えます。

① **経済学では個人や社会は限られた資源のもとで選択すると考えます。**たとえば多くの人にとってお金には限りがあるので、ある商品をたくさん買えば、他の商品は買えなくなります。時間も人々の選択を制約します。遊ぶためにたくさんの時間を使えば、勉強する時間はなくなります。また、政府も予算や時間などの制約のなかで選択をします。たとえば、国防に力を注げば社会保障に充てる予算が少なくなり、農業政策に重点を置けば科学技術政策を立案するための時間がなくなります。一般的に、一方の目標を達成しようとすると他方の目標をあきらめなければならない関係を**トレード・オフ**といいます。経済学はトレード・オフが存在しているときに、個人や社会がどのように選択するのかを学びます。

> 経済学では多くの場合、人々は合理的であるという前提を置きます。

② **経済学では多くの場合、人々は合理的に選択すると想定します。**合理的であればいつでも便益と費用を比較して、自分の利益が最も大きくなる方を選びます。そして、どれくらいのお金や時間を費やすか選択するときには、**限界**的な便益と費用を比べます。経済学では限界という言葉は「微少な変化」を表します。これは「追加的に1単位」という意味だと考えてください。たとえば、あなたがジュースをもう1本買いに行くかどうかを判断するとします。ジュースを買うことで追加的に得られる満足度を**限界便益**といいます。これは商品に対する評価額（支払ってもよいと考える額）になります。他方、ジュースを買ったときに追加的にかかる費用を**限界費用**といいます。経済学では機会費用という概念を用いるので、限界費用には代金だけでなく、ジュースを買いに行く時間なども含めます。合理的な人は限界便益が上回ればジュースを買いに行き、限界費用が上回れば買いに行かないという選択をします。

> 機会費用については16頁以降で詳しく解説をします。

③ **経済学では人間はインセンティブによって行動が変わると考えます。**
　インセンティブとは、人々が合理的に行動するときに、その行動を変え

13

> 経済学では人間の行動をインセンティブから考察します。

る要因のことです。たとえば業績に応じて給料がもらえるならば人々は業績を上げようと努力するでしょうし、円高になれば国内旅行よりもお得な海外旅行に行くだろうと考えます。また、家や土地が自分のものであれば、維持管理を丁寧に行うと考えます。経済学はこのように人間行動をインセンティブから捉えることで、経済だけでなく法律や政治など幅広い分野を分析の対象とします。

④ **経済学では経済問題をミクロとマクロの2つの視点から捉えて分析します。ミクロ経済学**では、経済活動を担う個人・企業の経済活動や市場の仕組みなどについて学びます。また市場間の相互関係についても学びます。**マクロ経済学**では、社会全体の経済活動について学びます。新聞やニュースでよく見かける国内総生産（GDP）・物価・失業率などについて学びます。経済学にはミクロ経済学とマクロ経済学を基礎とした、財政学・金融論・労働経済学などの応用分野があります。応用分野ではミクロとマクロの2つの視点から問題を解決する方法を探ります。

> 経済学ではミクロとマクロの2つの視点から経済問題を分析します。

2　経済循環フロー図

> 経済学では「市場」は「しじょう」と読みます。

　経済取引は**市場**で行われます。市場という言葉から目に見える特定の場所（たとえば鮮魚を扱う築地市場）を想像するかもしれませんが、経済学のなかで出てくる市場の多くは目に見えない抽象的な存在です。市場では需要者と供給者が財やサービスなどの取引をします。**財**は形のある生産物、**サービス**は形のない生産物です。たとえばこのテキストは財ですが、大学の授業はサービスになります。今後、本書では財とサービスをまとめて財とよびます。市場が存在するメリットは、他者と財を取引することで、たくさんの種類の財を享受できることにあります。また、外国との貿易も市場取引です。外国と取引することで国内では買えない財を手に入れることができます。

　図1-1は経済取引によるモノとカネの流れを表す**経済循環フロー図**です。この図で大まかな経済の仕組みについて学びましょう。経済活動を行う主体は、**家計**、**企業**、そして**政府**の3つに分類することができます。ここでは家計と企業の取引を考えてみましょう。家計は個人や家族です。企業は営利を追求する組織です。家計と企業が市場で取引することで、経済にモノとカネの流れが生まれます。図中の内側の緑の矢印はカネの流れ、外側のグレーの矢印はモノの流れを表しています。

　市場は取引されるモノに応じて大きく2つに分類されます。1つは**生産**

第1章●経済学的な考え方

資本
経済学では機械や工場などのように生産過程でなくならないものを資本とよぶ。資本財とよぶこともある。

資本レンタル料
資本を貸す対価として受け取るお金である。

物市場です。生産物市場では企業によって生産された財を取引します。2つ目は生産要素市場です。生産要素は生産するために用いるもので、経済学では一般的に労働サービスと資本のことをさします。つまり生産要素市場は労働市場と資本市場から成り立っています。

家計は生産要素市場で労働サービスや資本を供給して賃金と資本のレンタル料を受け取ります。資本を供給するというのは、たとえば家計が自分の所有する店舗を企業に貸し出すことです。生産物市場では財を需要して代金を支払います。他方、企業は生産要素市場で労働サービスや資本を需要して賃金と資本のレンタル料を支払います。そして生産物市場で財を供給して代金を受け取ります。

モノとカネの流れに注目すると、生産要素市場では家計から企業にモノ（労働サービスと資本）が流れ、企業から家計にカネ（賃金と資本のレンタル料）が流れます。生産物市場では、逆に企業から家計にモノ（財）が流れ、家計から企業にカネ（代金）が流れます。経済循環フロー図は経済で行われる取引をモデル化したものなので、政府が含まれていないなど現実をすべて捉えることはできませんが、経済全体のモノとカネの流れを把握するにはとても便利な図です。

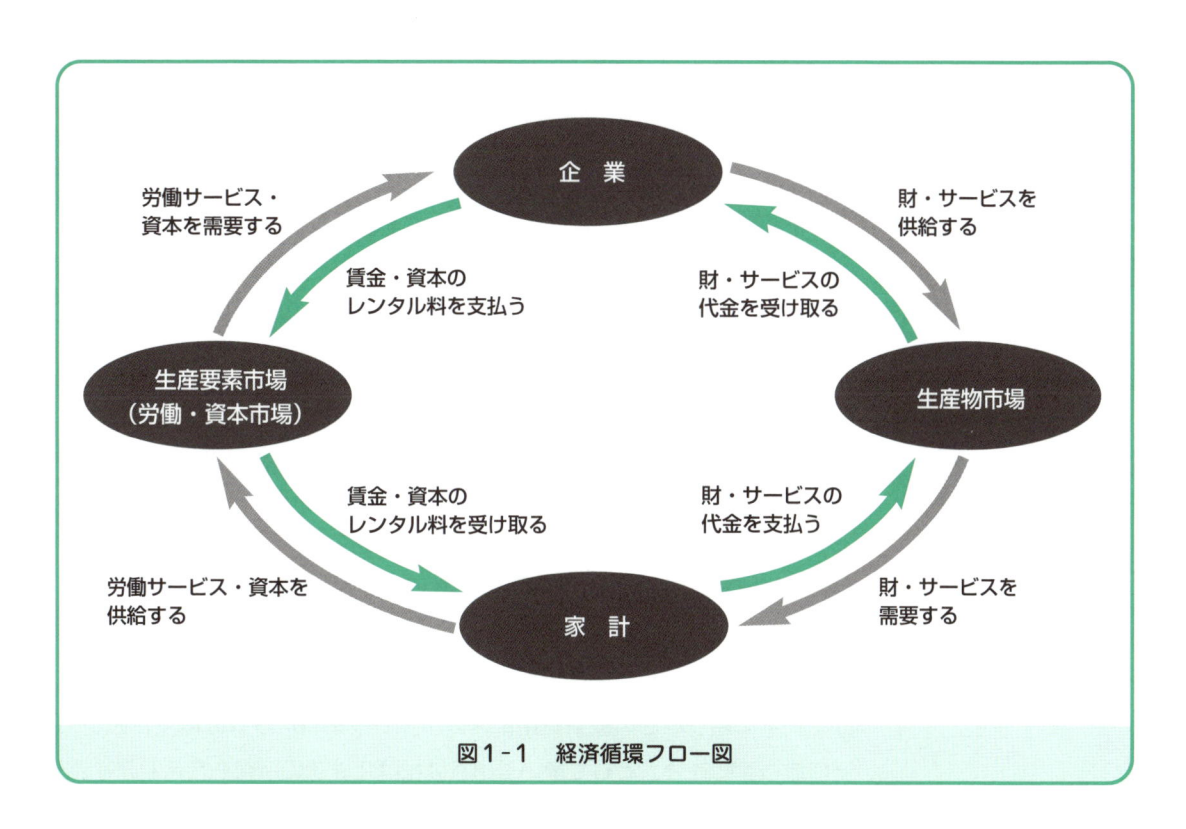

図1-1 経済循環フロー図

3　絶対優位と比較優位

　冒頭の健太と麻里子の会話を思い出してみましょう。健太は焼きそばもクレープも作るのが苦手で落ち込んでいました。では健太は何もしない方がよいのでしょうか。具体的な数字を使って考えてみましょう。

　表1-1は翔と健太が1時間で作れる焼きそばとクレープの数を表しています。翔は焼きそばだけを作ると24個、クレープだけだと48個作れます。健太は焼きそばだけなら16個、クレープだけだと8個作れます。経済学では、ある人が他の人よりも仕事が上手であることを**絶対優位**をもつといいます。翔は焼きそばもクレープも健太より多く作れるので、翔は焼きそばを作る仕事だけではなく、クレープを作る仕事にも絶対優位をもっています。

表1-1　翔と健太が1時間で作れる数

	焼きそばの数（個）	クレープの数（個）
翔	24	48
健太	16	8

　では、翔は両方とも自分だけで作って販売したほうがよいのでしょうか。経済学の答えは違います。翔がどんなに仕事ができるとしても、時間には限りがあるので、翔は自分の得意なクレープを、健太も自分の得意な焼きそばを作ると、健太だけではなく、翔も1人で両方作るよりもたくさんの焼きそばとクレープを販売することができます。

　それでは具体的に数字を使って確認をしましょう。数字を使った説明は少し難しくなるので、もしわからなければスキップしても構いません。

（1）翔と健太が焼きそばもクレープも作る

　クレープのほうが人気が高いので、2人は15分は焼きそばを、45分はクレープを作ることにしたとします。そうすると、翔は1時間に焼きそばを6個、クレープは36個作ることができます。他方、健太は1時間に焼きそばを4個、クレープは6個作ることができます。

（2）翔と健太の得意な仕事を見つける

　経済学では機会費用から個人の得意な仕事を見つけます。**機会費用**とは、何かを得るためにあきらめなければならないもののことです。たとえば、大学に通うことの機会費用には入学金や授業料だけではなく、もし大学に通わずに社会人として働いていれば稼げたはずの所得も含まれます。

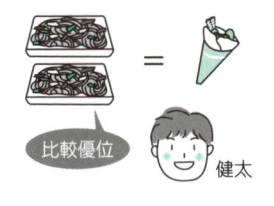

① 焼きそばを1個作ることの機会費用

翔は1時間に焼きそばを24個、クレープを48個作れますので、焼きそばを1個多く作るとクレープが2個作れなくなります。つまり、翔が焼きそばを1個作ることの機会費用はクレープ2個分です。他方、健太は1時間に焼きそばを16個、クレープを8個作れるので、焼きそばを1個多く作るとクレープが0.5個作れなくなります。つまり、健太が焼きそばを1個作ることの機会費用はクレープ0.5個分になります。経済学では、他の人に比べて機会費用が小さい仕事を得意な仕事だと考えるので、健太は焼きそばを作ることが得意だと考えます。このことを、健太は焼きそばを作る仕事に**比較優位**をもつといいます。

② クレープを1個作ることの機会費用

翔はクレープを1個多く作ることで焼きそば0.5個分をあきらめないといけませんし、健太はクレープを1個多く作ると焼きそば2個分をあきらめないといけません。つまり、翔がクレープを1個作ることの機会費用は焼きそば0.5個分、健太は2個分なので、機会費用が小さい翔がクレープを作る仕事に比較優位をもちます。

（3）翔と健太が自分の得意な仕事だけをする

2人が比較優位をもつ仕事だけを行うと、健太は焼きそばだけを16個作り、翔はクレープだけを48個作ります。**表1-2**は自分だけで両方作ったときと比較優位をもつ仕事だけを行うときの焼きそばとクレープの数をまとめたものです。比較優位をもつ仕事だけを行うことを**特化**といいますが、特化したときのほうがどちらの合計数も大きくなることがわかります。また、特化したあとに翔が焼きそば8個とクレープ40個、健太が焼きそば8個とクレープ8個になるように交換したとします。そうすると、健太だけではなく、絶対優位をもつ翔も、自分で両方作るよりも多く販売することができます。

表1-2　自分だけで作ったときと特化したときの比較

	自分だけで作る		特化する	
	焼きそば	クレープ	焼きそば	クレープ
翔	6	36	-	48
健太	4	6	16	-
合計	10	42	16	48

健太は麻里子から比較優位の考え方を教えてもらいました。自分が役に立つことがわかった健太は張り切って焼きそばを作っています。

よ～し、午後も翔に負けないように頑張るぞ！

よかった！おいしい焼きそば作ってな。

　もしあなたが健太のように落ち込んだら、他の人よりも得意なことを見つけて一生懸命取り組んでみてはいかがでしょうか。しかし自分が好きで熱中できることがあるなら、いまは機会費用など気にする必要はありません。「好きこそものの上手なれ」です。

課題　経済循環フロー図と絶対優位・比較優位

解答は134ページ

1. 経済循環フロー図に関する以下の問いに答えなさい。
   (1) 経済循環フロー図は何を表した図か、簡単に説明しなさい。
   (2) 家計から企業にモノが流れる市場は何か答えなさい。逆に、企業から家計にモノが流れる市場は何か答えなさい。
   (3) 家計から企業にカネが流れる市場の名前を答えなさい。また企業から家計にカネが流れる市場の名前を答えなさい。

2. 由紀と麻里子は家でケーキとクッキーを作ることにした。2人が1時間で作ることのできるケーキとクッキーの数は下の表のとおりである。このとき以下の問いに答えなさい。

表　由紀と麻里子が1時間に作れる数

	ケーキ（個）	クッキー（個）
由　紀	10	30
麻里子	5	20

   (1) ケーキを作ることに絶対優位を持つのは由紀と麻里子のどちらか答えなさい。クッキーについても同じ質問に答えなさい。
   (2) 由紀と麻里子のどちらがケーキを作ることに比較優位をもつか答えなさい。クッキーについても同じ質問に答えなさい。
   (3) 2人が特化するとケーキとクッキーは1時間で何個作られるか答えなさい。

第1章 ● 経済学的な考え方

> **もっと知りたい人のために**

生産可能性フロンティア——2つの商品生産の組合せ

生産可能性フロンティアとは、一方の財の生産量が与えられているときに、他方の財の生産量が最も大きくなるように生産したときの2財の組合せを表す曲線です。図は翔と健太の生産可能性フロンティアです。緑の線は翔と健太が1時間で作ることができる焼きそばとクレープの組合せを表しています。線の左（内）側は1時間以内に作れる組合せ、右（外）側は1時間では作れない組合せを表しています。翔と健太が特化して、翔が焼きそば8個とクレープ40個、健太が焼きそば8個とクレープ8個になるようにお互いに作ったものを交換したとします。そうすると、翔も健太も自分だけで作ったときの点よりも特化したときの点が右上に位置します。つまり1人では作れない量でも特化すると販売できることがわかります。

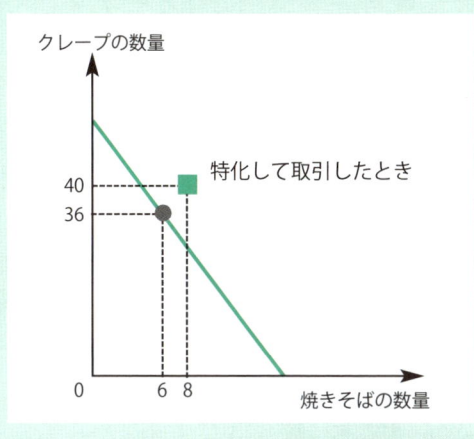

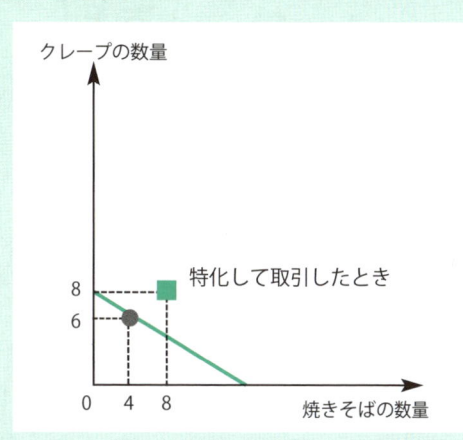

図 翔と健太の生産可能性フロンティア

翔：1人ではどんなにがんばっても緑の線より右側には出られない。線上の●は僕が1人でやきそば15分・クレープ45分作ったとき、やきそば6個・クレープ36個が作れるってことを示している。

健太：僕なんか、やきそば15分・クレープ45分でやきそば4個・クレープ6個しかできない。でも特化したらたくさん販売できるのがわかるよね？

---

column　行動経済学と実験経済学

実際の人間の行動を観察することで、人間の意思決定を研究する分野を行動経済学といいます。心理学などの考え方を用いて、ダイエットや禁煙などの身近な話題や投資行動などを扱います。また、経済現象は複雑ですので、因果関係を見つけることはむずかしい作業です。そのため実験環境の中で人間の行動を観察する実験経済学の分野が確立しています。たとえばオークションや公共財などの経済実験が実施されています（公共財については第10章を参照）。本書は授業中にできる経済実験を掲載しています（144頁以降）。あなたも経済実験を授業で体験してみてください。

第2章 需要曲線と供給曲線
牛肉の販売数に影響を与える要因は何か？

学祭での焼きそばとクレープの店は大成功。友達もたくさんできました。売り上げを使って皆でバーベキューをすることになり、健太と翔が牛肉の買い出しに出かけました。健太は実家が精肉店で手伝いもしています。翔は健太に牛肉の売上げには何が影響するか聞きました。

> まず値段だな。安いと大勢買いに来る。天気が悪いと客は少ないなあ。特売日の前日も客足が伸びないよ。
> — 健太

> なるほど。客はいろいろな要因から影響を受けるんだな。値段や天気の他にはどんな要因があるんだろう？
> — 翔

需要者や供給者は財の価格に応じて経済行動を変えます。しかし、経済行動を変える要因は他にもたくさんあります。本章で需要者と供給者の経済行動を学び、それをグラフで表す方法を身につけましょう。また翔と同じ立場にたって牛肉の売上げに影響する要因は何があるか考えてみましょう。

学習のポイント
- 需要曲線と供給曲線の特徴を学ぶ。
- 需要曲線上の移動と需要曲線のシフトの違いを理解する。
- 供給曲線上の移動と供給曲線のシフトの違いを理解する。

1　需要曲線

　健太と翔の牛肉に対する需要行動を表やグラフで考えてみましょう。**表2-1**は翔と健太の牛肉の**需要表**です。需要表は価格と需要量の対応関係を表したものです。牛肉の需要量は牛肉の価格以外の要因（天候や安売り日など）からも影響を受けますが、ここでは価格と需要量の関係だけを見るために、ほかの要因は一定だと仮定します。

表2-1　牛肉の需要表

価格（円/100g）	健太の需要量（g）	翔の需要量（g）
100	500	400
200	400	300
300	300	200
400	200	100

　図2-1は空白になっています。需要表の数値を使って自分で**需要曲線**を描いてみましょう。需要曲線は個々の価格に対応する需要量を表す曲線です。経済学でグラフが出てきたら縦軸と横軸が何を表しているのかを必ず確認してください。軸の表す内容が異なれば同じ点やグラフでも意味が変わります。**図2-1**は縦軸が価格、横軸が需要量を表しています。

　初めに需要表の数値を点で表しましょう。健太の需要表では価格が100円のとき需要量が500グラムですので、縦が100円、横が500グラムを示

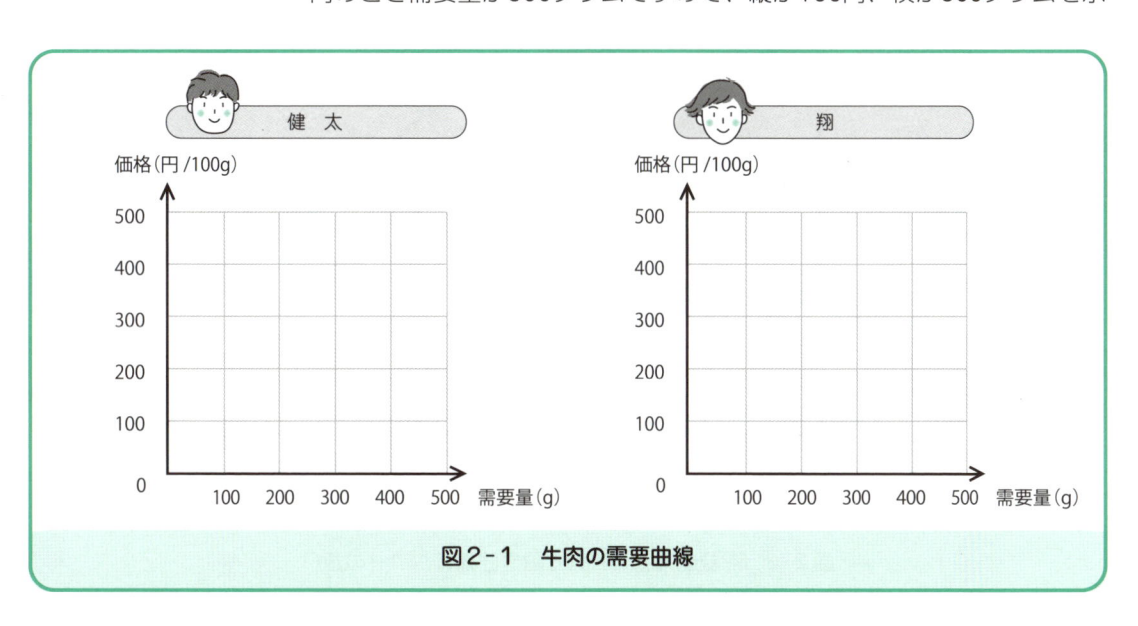

図2-1　牛肉の需要曲線

す位置に印をつけます。他の価格と需要量でも同じ方法で印をつけます。最後にすべての点をつなぐと1本の曲線（ここでは直線）ができ上がります。これが需要曲線です。翔の需要曲線も同じ方法で描くことができます。完成した2人の需要曲線は右下がりになっているはずです。一般的に、財の価格が低くなると需要量が増加するので、需要曲線は右下がりになります。また、2人の需要曲線を比較してみると、健太の需要曲線の方が右寄りに位置していると思います。これは同じ価格ならば健太のほうがいつでも需要量が大きいことを表しています。

2　需要曲線上の移動と需要曲線のシフト

需要曲線はある財の価格と需要量の関係を表す曲線でした。もし価格以外の要因が変わると、需要曲線はどのように変化するのでしょうか。このときには需要曲線が右や左へ動きます。分析対象の財の価格以外の要因が変化して、需要曲線が右または左に動くことを **需要曲線のシフト** といいます。横軸が需要量を表しているので、需要が増加すると右、減少すると左にシフトします。たとえば健太の好みが変わり、牛肉を今までよりも好きになれば健太の需要曲線は右にシフトし、嫌いになれば左にシフトし

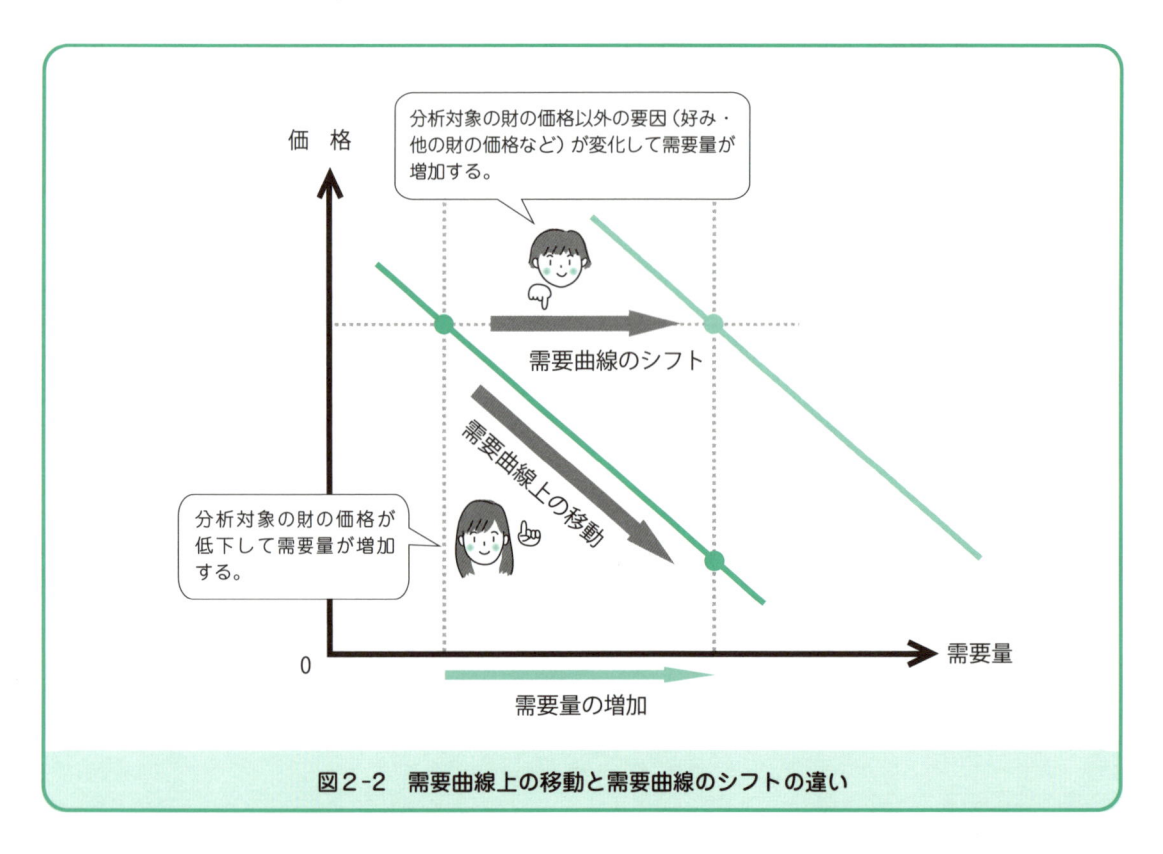

図2-2　需要曲線上の移動と需要曲線のシフトの違い

ます。

　需要曲線のシフトに対して、分析対象の財の価格が変わり、それに応じて需要量が変化したときは需要曲線上の移動によって表されます。たとえば牛肉の価格が低くなり、健太の牛肉の需要量が増加したとします。この需要量の増加は、健太の需要曲線上のある点から別の点への移動によって表されます。図2-2は需要曲線のシフトと需要曲線上の移動の違いを図で表しています。需要量が同じだけ変わったとしても、それが分析対象の財の価格に起因するのか、ほかの要因に起因するのかによってグラフの表現が違うことを確認してください。

　需要曲線がシフトする要因は好み以外にもあります。もし牛肉が豚肉の代わりになるならば、豚肉の価格が高くなれば豚肉の需要量を減らして、牛肉の需要量を増やします。このように一方の財の価格が上がる（下がる）と他方の財の需要量が増加（減少）するとき、この2財は代替財といいます。もし牛肉を食べるときにキャベツも一緒に食べるならば、キャベツの価格が上がればキャベツの需要量が減少し、牛肉の需要量も減少します。このように片方の財の価格が上がる（下がる）ともう一方の財の需要量が減少（増加）するとき、この2財は補完財といいます。同じ財でも人によって代替財になるのか補完財になるのかは異なります。たとえば牛肉と豚肉を一緒に食べないと気が済まない人にとっては、牛肉と豚肉は補完財になります。

上級財と下級財
所得の増加により需要が増加するものを上級財、減少するものを下級財という。たとえば所得が増加して古本の需要が減少し、新刊の需要が増加したとする。このとき新刊は上級財、古本は下級財である。

3 供給曲線

　健太と翔が牛肉を買い出しに行った場所には東京屋と大阪屋という2軒の精肉店があります。表2-2は東京屋と大阪屋の価格と供給量の関係を表しています。これを供給表といいます。需要表のときと同じように、牛肉の価格以外で供給量に影響を与える要因は一定とします。

　価格と供給量の関係が一目でわかるように、供給表の数値をもとに図2

表2-2　牛肉の供給表

価格（円/100g）	東京屋の供給量（g）	大阪屋の供給量（g）
100	100	200
200	200	300
300	300	400
400	400	500

-3に供給曲線を描いてみましょう。供給曲線は個々の価格に対応する供給量を表す曲線です。縦軸は価格、横軸は供給量を表しています。描き方は需要曲線と同じです。供給表に書かれている価格と供給量の関係を点で表し、線でつなげば完成です。完成した供給曲線はどちらの店も右上がりになっているはずです。一般的に、財の価格が高くなると供給量が増加するので、供給曲線は右上がりになります。2つの店の供給曲線を比べると大阪屋の供給曲線の方が右に位置していることを確認してください。牛肉の価格が同じであれば大阪屋のほうが供給量が大きいので、この位置関係になります。

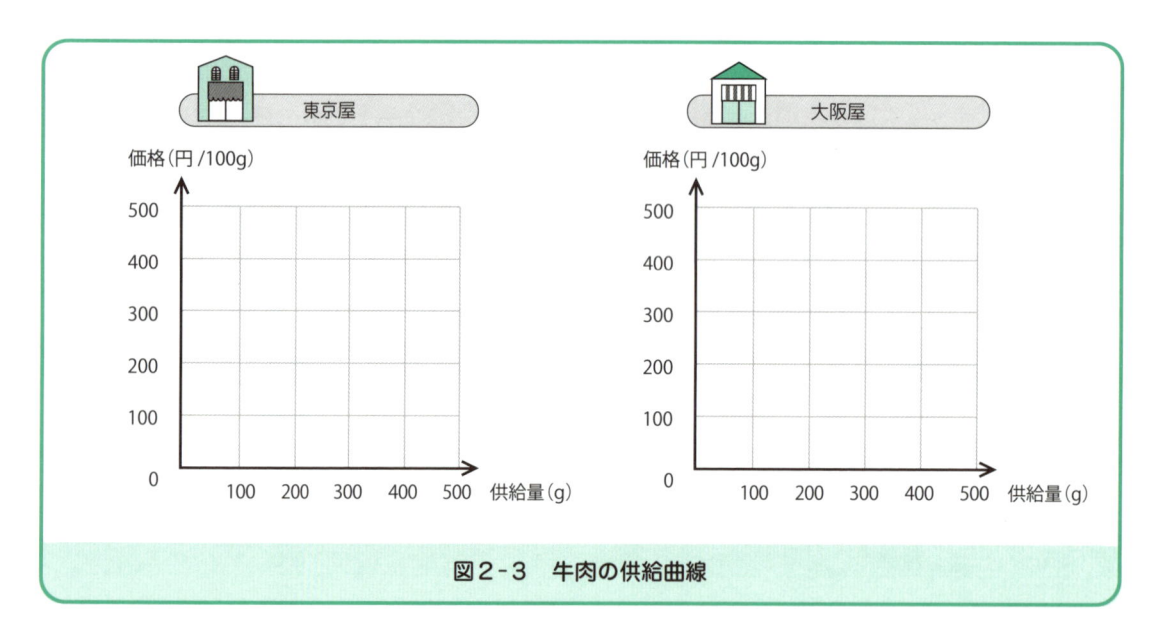

図2-3 牛肉の供給曲線

4　供給曲線上の移動と供給曲線のシフト

供給曲線にも需要曲線と同じように、**供給曲線上の移動**と**供給曲線のシフト**があります。分析対象の財の価格変化による供給量の変化は供給曲線上の移動によって表されます。それに対して、分析対象の財の価格以外の要因が変化して、供給曲線が右または左に動くことを供給曲線のシフトといいます。横軸は供給量を表しているので、供給が増加する要因であれば右に、減少する要因であれば左に供給曲線がシフトします。たとえば大阪屋で働くアルバイトの給料が低くなれば、もっと牛肉を売りたいと思うので、大阪屋の供給曲線は右にシフトします。逆にアルバイトの給料が高くなれば左にシフトします。また、ある財の生産技術が向上すると、今までと同じ価格であってもたくさん生産できるので、供給曲線が右にシフトします。

第2章●需要曲線と供給曲線

図2-4　供給曲線上の移動と供給曲線のシフト

（図中ラベル）
- 価格
- 分析対象の財の価格が上昇して供給量が増加する。
- 供給曲線上の移動
- 供給曲線のシフト
- 分析対象の財の価格以外の要因（労働者の給料や生産技術など）が変化して供給量が増加する。
- 供給量
- 供給量の増加

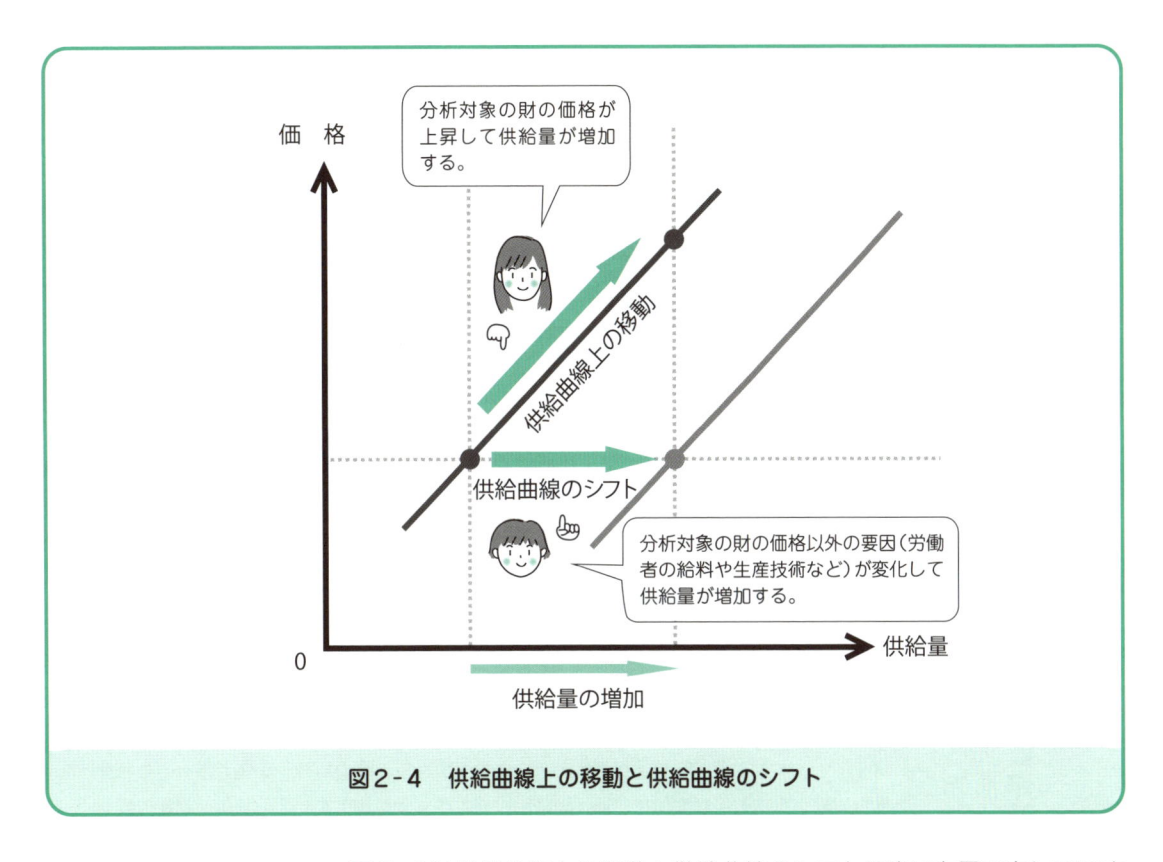

　図2-4は供給曲線上の移動と供給曲線のシフトの違いを図で表しています。供給量が同じだけ変化しても、分析対象の財の価格が変化したか否かによってグラフの表現が異なることを確認してください。

column　ギッフェン財

　本文で学んだように、一般的に財の価格が上昇すると需要量が減少します。ところが19世紀のアイルランドで飢饉が起こったときに、価格が上昇してもジャガイモの需要量が増加することが観察されました。価格が上がると需要量が増加する財のことを、発見したイギリスの経済学者ロバート・ギッフェンの名に因んでギッフェン財とよびます。あなたの生活の中にもギッフェン財が隠れているかもしれませんよ。

（イラスト内セリフ）高いけど買わなきゃ…。

> ひょっとして客の懐具合や豚肉価格も牛肉の売上げに影響を与えるんじゃないかな？

> たしかにそのとおりだ。翔がぼくんちで働いてくれたら大繁盛しそうだな。

あなたは上のイラストで翔が考えたこと以外に何か思いつきましたか。経済学は抽象的な内容を扱うことも多いですが、背後には人間の経済活動が隠れています。もし概念的でむずかしいと感じたときは、自分や友達がどのように財やサービスを購入するか観察すると理解が深まりますよ。

column

豊作貧乏

豊作貧乏とは豊作であることで、かえって農家の収入が減少することを表す言葉です。タマネギ、大根などは需要量が毎年あまり変わりません。そのため、豊作であっても、農産物の取引量はあまり増加せずに、価格だけが大きく下がります。その結果、農家の収入が減少してしまうのです。2012年はキャベツと白菜が大豊作でしたので、9月に緊急需給調整（市場隔離）を実施することが発表されました。これは、一定期間出荷を中止して加工用や飼料用の販売などを行い、それでも余っていれば土壌に還元する、つまり廃棄するという方策です。野菜を廃棄することは需要者からすればもったいないですが、農家の収入を維持し、農産物を安定的に供給するためには必要な措置だと考えられています。

もっと知りたい人のために

所得効果と代替効果

価格が需要量に与える効果を2つに分けることを**スルツキー分解**といいます。1つ目の効果は**所得効果**とよばれます。これは、実質所得の変化が需要量に与える効果のことです。2つ目の効果は**代替効果**とよばれ、実質所得の影響を取り除いたときに、相対価格の変化が需要量に与える効果のことです。リンゴを例にして2つの効果を説明しましょう。リンゴの価格が下がると、所得水準が変わらなくても、購入できるリンゴの数が増えます。経済学ではこのことを実質的に所得が増加したと考えます。実質所得が増加すると、一般的にはリンゴの需要量が増加します。これが所得効果です。またリンゴの価格が下がると、他の財よりも相対的にリンゴが安くなるので、リンゴの需要量が増加します。これが代替効果です。 スルツキー分解は第6章で学ぶ労働と余暇の選択などを分析するときにとても役に立つ分析方法です。

課題　需要者の経済活動

解答は 134 ページ

麻里子は家で鶏料理を作るため鶏肉を購入しようと思っている。下表は麻里子の需要表である。

鶏肉の需要表

価格（円/g）	需要量（g）
100	400
200	250
300	150
400	100

1. 需要表を使って麻里子の需要曲線を描きなさい。なお、ここでの需要曲線はなめらかな曲線となる。

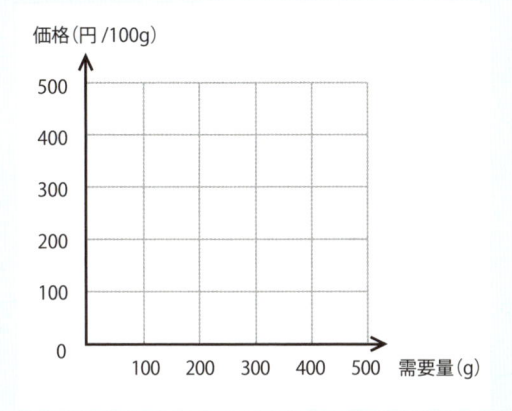

価格（円/100g）

需要量(g)

2. 次の①〜③の出来事は「需要曲線上の移動」と「需要曲線のシフト」のどちらで表すことができるか答えなさい。「需要曲線のシフト」のときは、需要曲線がシフトする方向（右または左）も答えなさい。
   ① 麻里子はアルバイトをして所得が増えた。
   ② 麻里子は鶏肉が前よりも嫌いになった。
   ③ スーパーの鶏肉の価格が下がった。

3. 文章を読んで①と②に当てはまる言葉を答えなさい。
   麻里子は牛肉の価格が安くなると鶏肉の需要を減らした。このとき麻里子にとって牛肉と鶏肉は（①）である。一方、牛肉の価格が安くなると豚肉の需要は増えた。このとき麻里子にとって牛肉と豚肉は（②）である。

第3章 市場の価格調整メカニズム

価格はどのように決まるのか？

　２年生になった仲良し４人組はテニス＆スノボサークルで楽しい学生生活を送っています。翔と麻里子は先輩から「きみたちは経済学部だから会計は得意だよね？」という理由で夏合宿の幹事を任されました。２人は「経済学は会計とは違うんだけど…」という釈然としない思いを抱えながらも、いくつかの旅行業者から見積りをとって比較をしています。

> 各社の見積りを見比べてみると、サービス内容が同じだと値段はそんなに大きく変わらないな。
>
> ——翔

> モノの値段は需要と供給で決まるっていうけど、旅行会社が決めてるやんね？
> 授業で習ったことがいまいちピンと来ないなぁ。
>
> ——麻里子

　財の価格はどのように決まるのでしょうか。旅行サービスならば旅行会社、ケーキならばケーキ屋というように供給者が価格を決めているように見えますが、実は需要者も価格に影響を与えています。本章では需要・供給曲線を使って財の価格がどのように決まるのかを学びます。

学習のポイント
- 完全競争市場の特徴を学ぶ。
- 市場需要曲線と市場供給曲線の導き方を理解する。
- 市場の価格調整メカニズムを理解する。

1 市場の分類

　経済学では市場を完全競争市場、独占市場、寡占市場などに分類します。完全競争市場は、市場に参加している需要者と供給者が**プライス・テイカー（価格受容者）**である市場です。プライス・テイカーとは自分の行動によって市場価格を変えられない経済主体のことです。完全競争市場は多数の需要者と供給者から構成されます。特定の誰かが大きな市場シェアをもつわけではないので、需要者も供給者も市場価格に影響を与えることができないのです。

　完全競争市場に対して、一般的に財の供給者が1人だけの市場を**独占市場**といいます。独占市場の供給者は独占企業とよばれます。独占企業は他の企業と競争する必要がないので、市場価格を自分で自由に決めることができます。このように市場価格を定めることができる主体を**プライス・メイカー（価格設定者）**とよびます。また、供給者が少ししかいない市場は**寡占市場**といいます。寡占市場の供給者である寡占企業も市場価格に影響を与えることができますが、その影響は独占企業ほど大きくありません。独占市場と寡占市場は第9章で詳しく説明をします。

> 市場は生産物市場と生産要素市場に分けることもできます。第1章14～15頁参照。

2 市場需要曲線と市場供給曲線

　第2章で説明した翔と健太の需要曲線は、個人の需要曲線なので**個別需要曲線**とよばれますが、経済全体を考えるときには**市場需要曲線**を使います。市場需要曲線は個々の価格に対応する市場全体の需要量を表す曲線です。一般的には、財の価格が上がると需要量が減少するので、市場需要曲線は右下がりになります。

　図3-1は市場需要曲線の描き方を示しています。もし牛肉の需要者が翔と健太だけならば、価格が200円のとき健太の需要量は400g、翔の需要量は300gなので、横軸に沿って足すと市場全体の需要量は700gになります。他の価格のときも同じ方法を用いることができます。需要者が多数のときも、全員の個別需要曲線をこのように横に足し合わせると市場需要曲線になります。

　第2章で説明した大阪屋と東京屋の供給曲線は、個々の供給者の供給曲線なので、**個別供給曲線**とよばれます。この個別供給曲線を需要曲線と同じように横軸に沿って足し合わせると**市場供給曲線**になります。市場供給曲線は個々の価格に対応する市場全体の供給量を表す曲線です。一般的には財の価格が上がると供給量が増加するので、市場供給曲線は右上

| 健太 | 翔 | 市場需要曲線 |

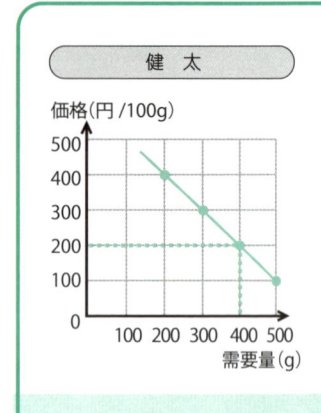

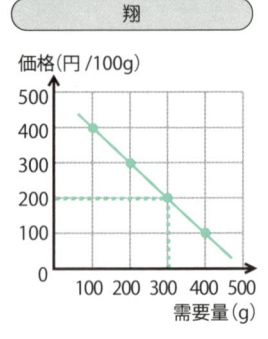

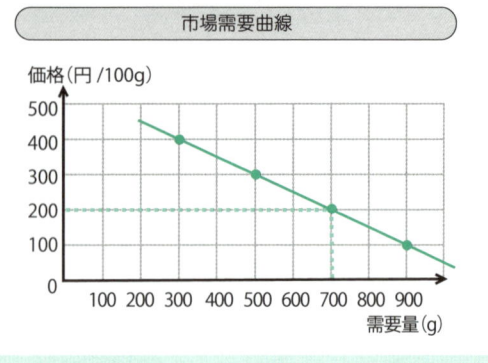

図3-1　個別需要曲線と市場需要曲線

がりになります。

　図3-2は市場供給曲線の描き方を示しています。もし牛肉の供給者が東京屋と大阪屋だけだとすると、価格が200円のとき東京屋の供給量が200g、大阪屋の供給量が300gなので、横軸に沿って足すと市場全体の供給量は500gになります。他の価格のときでも市場全体の供給量の見つけ方は同じです。完全競争市場のように多くの供給者がいるときにも、個別供給曲線をこのように全員分横方向に足し合わせると市場供給曲線を導くことができます。

column

見えざる手とワルラス競売人

　本章では、財の価格は特定の誰かが決めているのではなく、市場の価格調整メカニズムによって決まると考えました。それに対してレオン・ワルラスは競売人という仮想的主体を想定し、この競売人が市場に参加している人の需要量と供給量をすべて把握し、両者が等しくなるように財の価格を決めると考えました。この競売人を「ワルラス競売人」といいます。経済実験を用いた研究によると、たとえワルラス競売人がいなくても、市場均衡が達成されることが明らかになっています。その理由としては、需要者と供給者が取引を繰り返すことで相場を学んだり、他者の行動を真似たりするからではないかと考えられています。また、アダム・スミスは、各人が自己の利益を求めることが社会全体の利益に繋がることを「見えざる手」という言葉を用いて表現しました。経済学では、財の価格が調整されることで、このように市場経済がうまく機能すると考えられています。

アダム・スミス
1723〜1790
イギリスの経済学者。経済学の父とよばれる。主著に『国富論』(諸国民の富の性質と原因に関する研究)がある。保護貿易を批判し自由貿易を推進する考え方を示した。

レオン・ワルラス
1834〜1910
フランス生まれ、スイスの経済学者。代表的な著書は『純粋経済学要論』。経済を構成するすべての市場を同時に分析する手法である一般均衡分析を数学的に説明した。

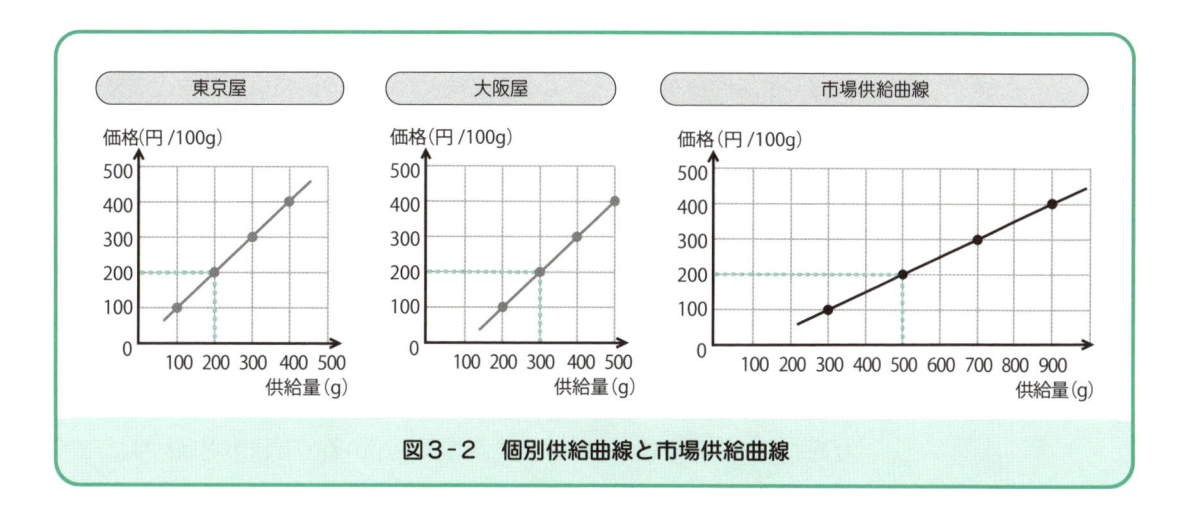

図3-2　個別供給曲線と市場供給曲線

3　市場取引のメカニズム

　では完全競争市場において需要者と供給者が取引すると、最終的に牛肉の価格や取引量はどのように決まるのでしょうか。本章ではこれ以降、市場需要曲線は需要曲線、市場供給曲線は供給曲線と簡単によぶことにします。

　図3-3は牛肉の需要曲線と供給曲線を1つの図に描いたものです。縦軸は牛肉の価格、横軸は牛肉の量を表しています。さきほどは翔と健太を需要者、大阪屋と東京屋を供給者としましたが、ここでは完全競争市場な

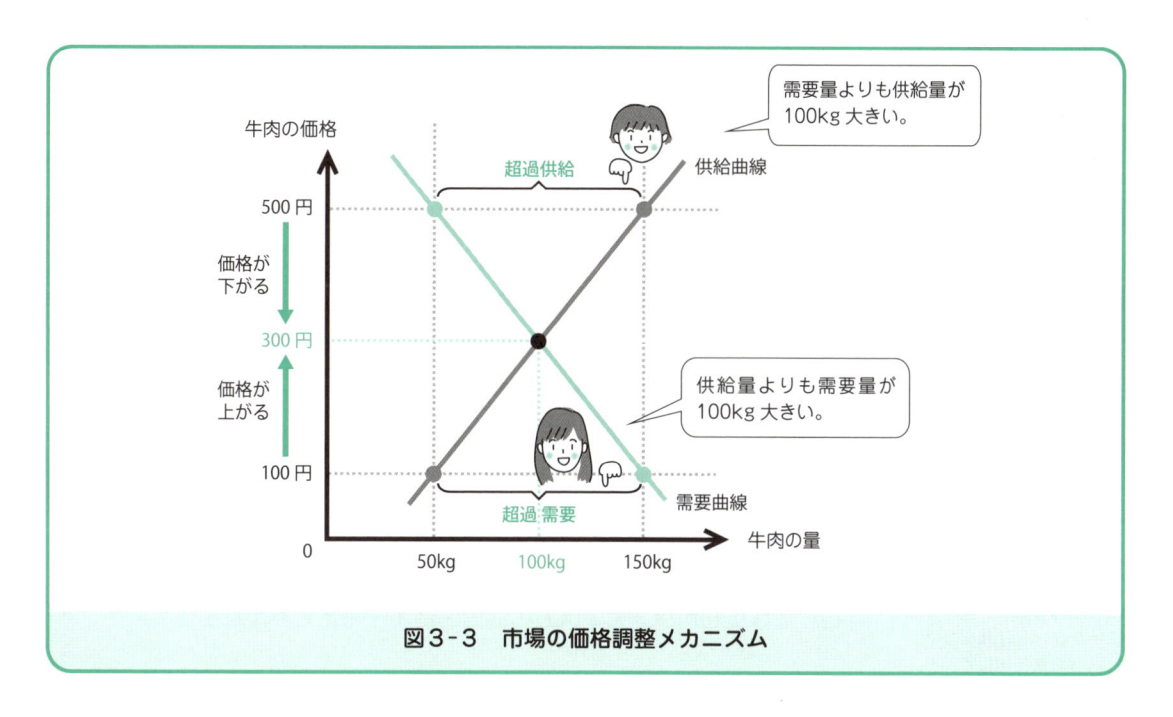

図3-3　市場の価格調整メカニズム

のでたくさんの需要者と供給者がいます。第2章で説明したように、需要曲線や供給曲線を描くときは分析対象となる財の価格以外の要因（需要曲線であれば好みや他の財の価格、供給曲線であれば労働者の給料や生産技術）は変わらないと仮定しています。

　まず牛肉の市場価格が100円のときを見てください。牛肉の需要量は150kg、牛肉の供給量は50kgなので、需要量のほうが100kg大きくなっています。経済学では、ある価格のもとで需要量が供給量よりも大きい状態を**超過需要**といいます。超過需要は牛肉が不足している状態なので、牛肉を買いたいけれども買えない需要者がいます。その中には今よりも価格が高くても牛肉を買いたいと考える需要者がいるので、市場価格はだんだん上がります。超過需要がなくなるまで市場価格が上がるので、牛肉の市場価格は300円になります。

　次に牛肉の市場価格が500円のときを見てみましょう。牛肉の供給量が150kg、牛肉の需要量が50kgなので今度は供給量のほうが100kg大きくなっています。このように、ある価格のときに供給量が需要量よりも大きい状態を**超過供給**といいます。超過供給の状態では牛肉を売りたいけれども売れない供給者がいます。そして価格が今より安くても牛肉を売りたいと考える供給者がいるので、少しずつ市場価格が下がります。最終的に超過供給がなくなるところ、つまり300円まで牛肉の市場価格が下がります。

　このように市場では需要と供給が等しくなるように価格が調整されます。需要と供給が等しい状態を**市場均衡**（きんこう）といいます。市場均衡での価格を**均衡価格**、数量を**均衡取引量**といいます。さきほどの牛肉の市場では均衡価格が300円、均衡取引量が100kgになります。経済学では**均衡**という言葉がよく登場しますが、これは行動を変えるインセンティブを誰も持たないために、これ以上別の状態へ変わらないという意味です。市場均衡では需要者は財を買いたいと思うだけ買い、供給者は売りたいと思うだけ売っているので、ひとたび市場均衡に達すれば価格以外の条件が変わらない限りは別の状態へ動くことはありません。

　財の価格は需要と供給の両方から決まることを理解いただけましたか。イギリスを代表する経済学者であったアルフレッド・マーシャルは、はさみに2つの刃が必要なように、価格の決定にも需要と供給が必要であると述べています。そういえば需要曲線と供給曲線はハサミの形に似ていますね。あなたも市場メカニズムの面白い例えを考えてみませんか？

> 均衡には市場均衡以外にも、たとえばナッシュ均衡があります。第6章61頁参照。

アルフレッド・マーシャル
1842〜1924
イギリスの経済学者。主著『経済学原理』で需要と供給の理論を説明した。「経済学者は冷静な頭脳と温かい心を持たなければならない」という言葉を残している。

第3章 市場の価格調整メカニズム

去年よりずいぶん安くなったって先輩が喜んでいたよ。旅行業者に聞いたら今年は国内旅行に行く人が少ないから値下げしたんだってさ。

やっぱり旅行の価格も需要と供給で決まるんやね。あっ、しまった！こんなことなら浮いた分でこっそりステーキ食べに行けばよかったやん。

> この章には「経済実験1 取引実験」が付属します。詳しくは145頁を参照してください。

もっと知りたい人のために

調整過程

ある財が超過需要のときには価格が上がり、超過供給のときには価格が下がることで最終的に需要と供給が等しくなるというプロセスを**ワルラス的調整過程**といいます。それに対して、価格ではなく数量が需要と供給を調整するプロセスを**マーシャル的調整過程**といいます。ワルラス的調整過程では価格よりも需要量や供給量の調整速度が速い市場、マーシャル的調整過程では価格や需要量よりも供給量の調整速度が遅い市場を想定しています。一般的にはワルラス的調整過程をもとに、さまざまな経済問題を需要曲線と供給曲線を使って分析します。

課題　市場の分類と市場均衡

解答は135ページ

1. 文章を読んで①～④に当てはまる言葉を答えなさい。

   完全競争市場では需要者と供給者は（①）であり、与えられた市場価格のもとで自分の利益が最も大きくなるように需要量や供給量を決める。完全競争市場に対して、一般的に財の供給者が1人だけの市場を（②）といい、供給者は価格を設定できることから（③）とよぶ。また供給者が少数しかいない市場を（④）といい、供給者は完全競争市場とは異なり市場価格に影響を及ぼすことができる。

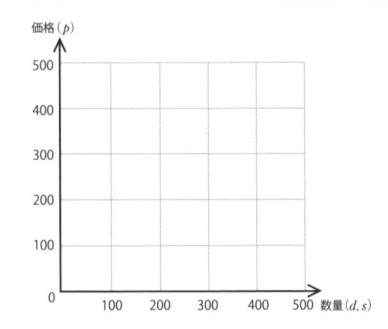

2. ある財の需要曲線（①式）と供給曲線（②式）が下記の通り表されるとする。このとき以下の問いに答えなさい。

   $d = 500 - p$ …①
   $s = p - 100$ …②

   （d：需要量(個)、s：供給量(個)、p：価格(円)）

   (1) 需要曲線と供給曲線を図示しなさい。
   (2) 均衡価格と均衡取引量を求めなさい。

第4章 消費者余剰と生産者余剰

取引利益はどのように測られるのか？

由紀と麻里子はおいしいと評判のケーキを買いに行きました。長い行列に並んだ末に、2人はケーキを2つずつ買って店を出ましたが、満足度には差があるようです。

麻里子：たしかにおいしそうやけど高くてびっくりや。わざわざ交通費かけて、行列に並んでまで買う価値あんのかなあ。

由紀：そう？ 私は買えただけで大満足。ここのケーキだったらいつでも買いに来たいな。

本章では、需要者と供給者が取引することで得られる利益を金銭に換算して測る方法を説明します。この方法を用いれば、取引利益を個人だけでなく社会全体で測ったり、さまざまな経済政策を評価したりすることが可能になります。

学習のポイント
- 需要者の取引利益である消費者余剰を学ぶ。
- 供給者の取引利益である生産者余剰を学ぶ。
- 総余剰を学ぶ。また市場均衡で総余剰が最も大きくなることを理解する。

1　消費者余剰

需要曲線については第2章21頁参照。

経済学では多くの場合、需要者（消費者）は合理的であることを前提にします。つまり自分が取引利益を得られるときだけ財を購入します。需要者が市場取引で得る利益は需要曲線を使って測ることができます。

需要曲線は各価格に対応する需要量を表す曲線でした。**図4-1**には由紀と麻里子のケーキに対する需要曲線が描かれています。需要曲線が曲線ではなく階段状になっているのは、ケーキは1個ずつしか購入できないからです。このように階段状であっても、個々の価格と需要量の関係を表すグラフは需要曲線とよびます。

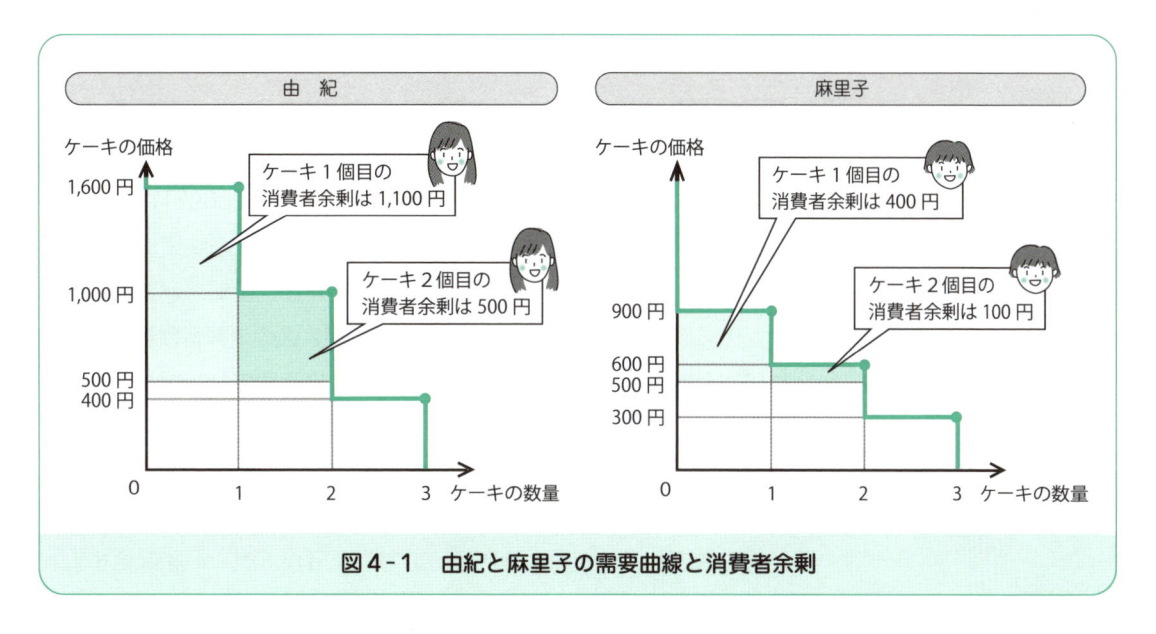

図4-1　由紀と麻里子の需要曲線と消費者余剰

限界という言葉の意味は第1章13頁で説明しています。

実は需要曲線は価格と需要量の関係を表すだけではなく、需要者の財に対する限界的な評価も表しています。つまり、財の需要量が追加的に1単位増加したときに、その財に対して支払ってもよいと思う金額を表しているのです。

では由紀の需要曲線を見てみましょう。ケーキの価格が1,600円のとき需要量が1個です。これは1個目のケーキに1,600円支払ってもよいと思っていることを表します。価格が1,000円のときは需要量が2個なので、2個目のケーキには1,000円、価格が400円のときは需要量が3個なので、3個目のケーキには400円支払ってもよいと思っています。由紀は支払ってもよいと思う金額が価格を上回ればケーキを買います。つまり、ケーキの価格が500円であれば由紀はケーキを2個買います。 麻里子の需要

曲線も同じように考えることができます。麻里子は1個目のケーキには900円、2個目のケーキには600円、そして3個目のケーキになると300円までしか支払いたくないと思っているので、ケーキの価格が500円であれば2個買います。

さて、ここで消費者余剰という経済学特有の考え方が登場します。消費者余剰とは、財に対して支払ってもよいと思っていたのに実際には支払わずにすんだ金額のことです。これが、需要者が市場取引で得た利益だと経済学では考えます。たとえば、由紀はケーキ1個目には1,600円、2個目には1,000円支払ってもよいと思っていましたが、実際には500円ずつしか支払わないので、由紀の消費者余剰は1個目のケーキから1,100円（＝1,600円－500円）、2個目のケーキから500円（＝1,000円－500円）を得るので、合計では1,600円になります。麻里子も同じように考えます。1個目のケーキには900円、2個目のケーキには600円支払ってもよいと思っていたので、麻里子の消費者余剰は1個目のケーキから400円（＝900円－500円）、2個目のケーキから100円（＝600円－500円）を得るので、合計では500円になります。由紀は麻里子よりもケーキに対する限界的な評価が高いので、ケーキの購入数は同じですが、由紀の消費者余剰のほうが大きくなります。図4-1の緑色の部分が2人の消費者余剰です。図からわかるとおり、消費者余剰は需要曲線と価格で囲まれた部分の面積になります。

2　生産者余剰

供給者の取引利益はどのように測るのでしょうか。ケーキを供給する店が2軒あるとします。この2軒の店の名前をフランス屋とイタリア屋とします。図4-2にはフランス屋とイタリア屋の供給曲線が描かれています。供給曲線は各価格に対応する供給量を表す曲線です。どちらも曲線ではなく階段状になっていますが、個々の価格と供給量の関係を表しているので供給曲線とよびます。

> 40頁の「もっと知りたい人のために」でさまざまな費用の関係を図で説明しています。

ケーキを作るための費用の総額を総費用といいます。総費用はケーキの個数に応じて変化する可変費用と、個数とは無関係にかかる固定費用を足したものです。たとえば原材料費や人件費は可変費用、店の家賃は固定費用になります。また、ケーキを追加的に1個作ったときの総費用の増加分を限界費用とよびます。

供給曲線は価格と供給量の関係だけではなく、供給者が財を供給するときの限界費用も表しています。たとえば、フランス屋の供給曲線を見る

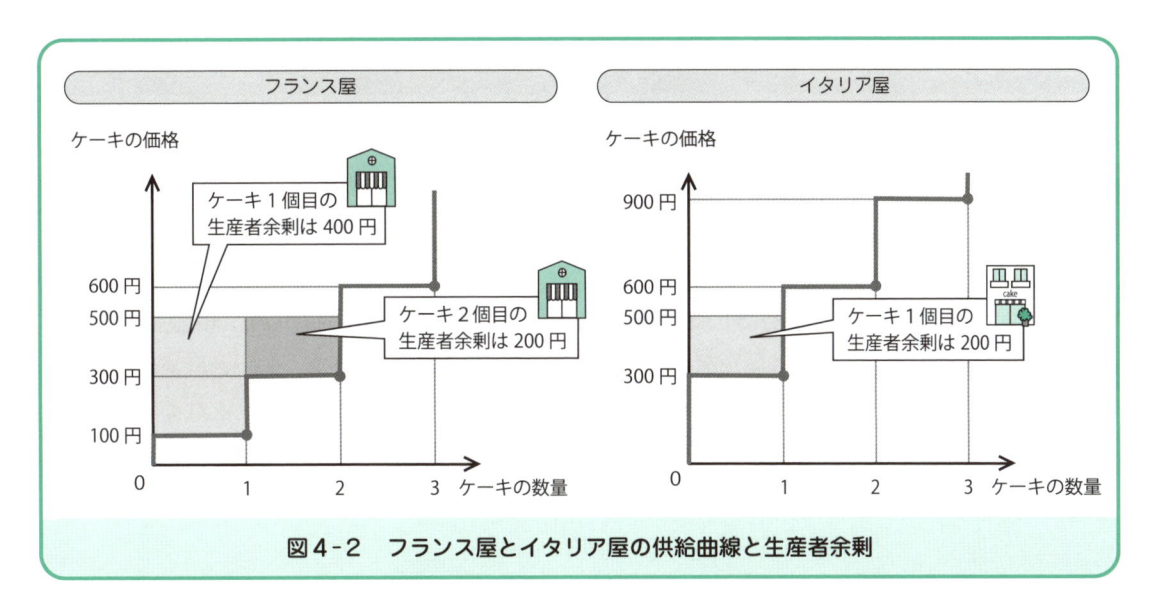

図4-2 フランス屋とイタリア屋の供給曲線と生産者余剰

と、価格が100円のとき供給量が1個です。これは1個目のケーキの限界費用が100円であることを表しています。価格が300円のときは供給量が2個なので、2個目のケーキの限界費用は300円、価格が600円のときは供給量が3個なので、3個目のケーキの限界費用は600円です。イタリア屋も同じように考えると、1個目のケーキの限界費用が300円、2個目のケーキの限界費用が600円、そして3個目のケーキになると限界費用が900円まで上がります。

供給者にとって財の価格は、追加的に1単位供給することで得られる収入です。供給者は価格が限界費用を上回れば利益が出るので財を生産します。さきほどの例では、もしケーキの価格が500円であれば、フランス屋は2個、イタリア屋は1個だけケーキを作ります。フランス屋はイタリア屋よりも限界費用が小さいため、ケーキの価格は同じですが、フランス屋のほうが1個多くケーキを作ります。

経済学では、財の価格から限界費用を引いた残りの金額を生産者余剰とよびます。これは供給者が市場取引で得る利益です。たとえば、フランス屋の生産者余剰は、1個目のケーキから400円（＝500円－100円）、2個目のケーキから200円（＝500円－300円）を得るので、合計では600円になります。イタリア屋の生産者余剰はケーキ1個目から得る200円（＝500円－300円）だけになります。**図4-2**の灰色の部分がフランス屋とイタリア屋の生産者余剰になります。図を見るとわかるとおり、生産者余剰は供給曲線と価格で囲まれた部分の面積になります。

3　総余剰と超過負担

　もし完全競争市場でケーキが取引されると、どれくらいの取引利益が生まれるのでしょうか。完全競争市場であれば由紀と麻里子以外にもたくさんの需要者がいますし、フランス屋とイタリア屋以外にもたくさんの供給者がいます。

> 市場需要曲線と市場供給曲線は第3章29頁参照。

　図4-3には市場需要曲線と市場供給曲線が描かれています。市場需要曲線は個別需要曲線を横に足し合わせたものです。由紀と麻里子の個別需要曲線は階段状でしたが、市場需要曲線は段差がほとんどなくなり、なめらかな線になります。市場供給曲線も同じように考えることができます。本章ではこれ以降、市場需要曲線は需要曲線、市場供給曲線は供給曲線と簡単によぶことにします。

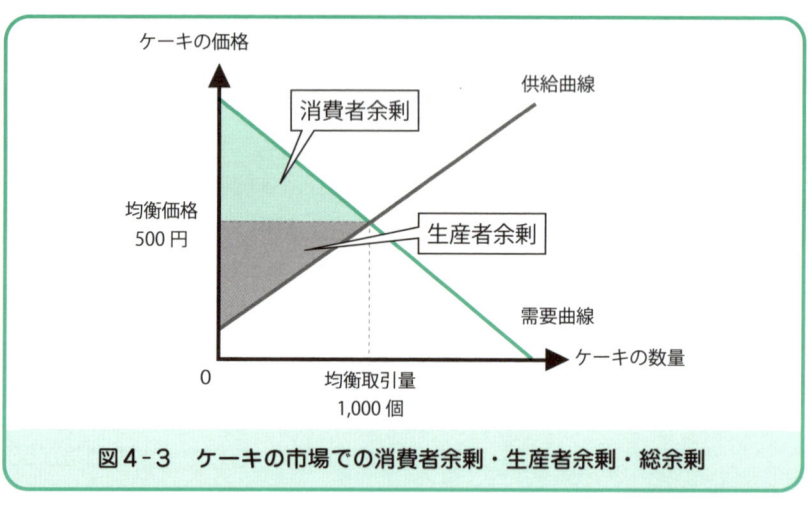

図4-3　ケーキの市場での消費者余剰・生産者余剰・総余剰

> 市場均衡は第3章32頁参照。

　市場均衡は需要と供給が等しい状態です。図から均衡価格が500円、均衡取引量が1,000個だとわかります。薄い緑色の部分が消費者余剰、灰色の部分が生産者余剰です。消費者余剰と生産者余剰の合計を**総余剰**といいます。これは市場全体での取引利益を表しています。

　図4-4はケーキの市場価格が均衡価格よりも低い300円のときを表しています。このときの総余剰を見てみましょう。「価格が低くなることは良いことでは？」と思うかもしれませんが、実はケーキが市場に出回らなくなります。市場価格が300円のとき、需要量は1,400個ですが、供給量は500個だけです。売り手がいなければ取引が行われないので、ケーキは500個しか取引されません。市場均衡のときと比較すると、生産者余剰（灰色）は減少しますが、消費者余剰（薄い緑色）は増加するか減少するかわかり

ません。しかし、この2つを合計した総余剰は必ず小さくなります。総余剰が減少した分を **超過負担** といいます。図では濃い緑色の部分になります。

　均衡価格よりも高い価格のときも考えてみましょう。**図4-5**は市場価格が700円のときを表しています。市場価格が700円のとき、供給量は1,500個、需要量は700個です。買い手がいなければ取引が行われないので、ケーキの取引量は700個になります。市場均衡のときと比較すると、消費者余剰（薄い緑色）は小さくなりますが、生産者余剰（灰色）は増加するか減少するかわかりません。しかし、さきほどと同じように超過負担（濃い緑色）が発生します。このように、市場の価格調整メカニズムは需要と供給を等しくするだけではなく、実は市場全体での取引利益を最大にする役割も果たしているのです。

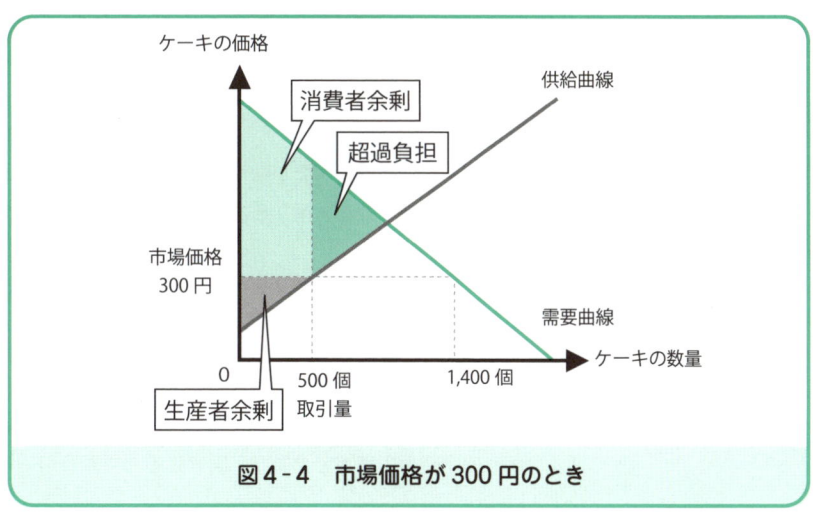

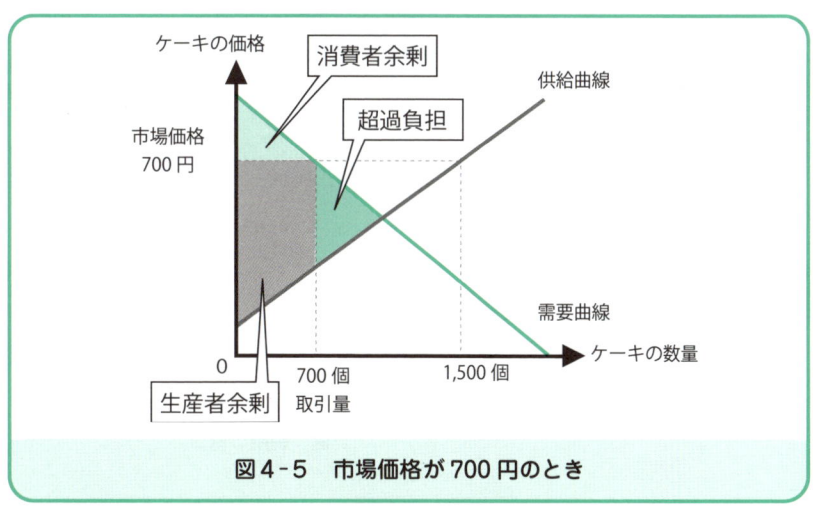

図4-4　市場価格が300円のとき

図4-5　市場価格が700円のとき

そうだ。この近くに健太おすすめの焼き肉食べ放題の店があるんだ。行ってみない？

行く行く！ほんじゃあ、いっぱい食べて交通費とケーキ代をチャラにしよう！

　あなたが買い物をして得をしたか損をしたか考えるのはどんなときですか。バーゲンのときはいくら得をしたか、すぐに計算すると思います。でも普段の買い物でも無意識に頭の中で計算しているかもしれませんよ。今度買い物をするときに自分の頭の中をぜひのぞいてみてください。

もっと知りたい人のために

さまざまな費用概念の関係

　経済学では供給者の経済活動を観察するときに、さまざまな費用概念を用います。下図は、ある供給者が財を生産するときの費用を表しています。ここでは財の最小単位は1個とします。

　財の生産量が5個のとき総費用は40万円です。このうち固定費用と可変費用は20万円ずつになっています。生産量が6個のとき総費用は60万円です。固定費用は生産量とは無関係にかかる費用なので、生産量が6個のときも20万円のままです。可変費用は残りの40万円になります。生産量が5個から6個に増えると、総費用が20万円増加しています。この20万円が限界費用になります。限界費用は追加的に1単位生産量が増えたときの総費用の増加分ですが、図を見ると可変費用の増加分であることがわかります。

　経済学では平均費用という概念もよく用います。平均費用とは生産量1単位当たりの総費用のことです。下図では生産量が5個のときは8万円（＝40万円÷5個）、生産量が6個のときは10万円（＝60万円÷6個）になります。逆にいえば、平均費用に生産量を掛け合わせたものが総費用です。

限界費用は20万円になる。

	総費用 40万円	
生産量が5個のとき	固定費用（20万円）	可変費用（20万円）
生産量が6個のとき	固定費用（20万円）	可変費用（40万円）
	総費用 60万円	

図　費用の構造

column

税の費用と負担

　税は日常生活から切り離すことができません。「税の費用とは何か？」と聞かれれば、政府に支払う額だと思うかもしれませんが、それは政府の収入になるので、社会全体で見れば費用ではありません。

　経済学では、税の費用は財の取引機会が失われることだと考えます。もし消費税のように需要者に課せられる税であれば、財を購入したときに支払う額が増えるので需要が減少し、逆にたばこ税のように供給者に課せられる税であれば、財を供給する費用が高くなるので供給が減少します。いずれの場合でも、財の取引量が減少するので、取引の機会が失われます。一般的には、需要者と供給者のどちらか片方に課税をしても、両者とも取引利益が小さくなります。

課題　財やサービスの市場取引による利益

解答は 136 ページ

1　文章を読んで①〜④に当てはまる言葉を答えなさい。

　経済学では、財やサービスの需要者の取引利益を（①）、供給者の取引利益を（②）という。2つを合計したものは（③）とよばれる。市場均衡では（③）が最も大きくなるが、それ以外の状態では（④）が生じる。

2　ある財の需要曲線（①式）と供給曲線（②式）が下記の通り表されるとする。このとき以下の問いに答えなさい。

$$d = 400 - p \quad \cdots ①$$
$$s = p \quad \cdots ②$$

（d：需要量（個）、s：供給量（個）、p：価格（円））

（1）需要曲線と供給曲線を図示しなさい。

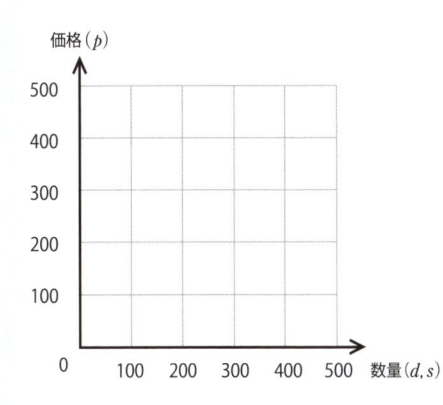

（2）市場均衡での消費者余剰と生産者余剰を計算しなさい。

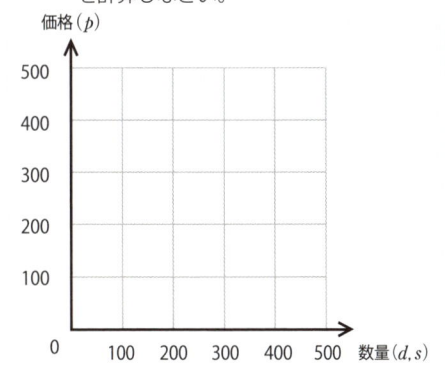

第5章 需要・供給分析と価格弾力性

ケーキの価格が下がったのはなぜか？

　麻里子は由紀にまた同じケーキ屋に誘われました。あまり乗り気にはなれないものの、嬉しそうな由紀の顔を見ていると断ることもできず、しぶしぶついて行くと、このあいだよりも行列の人数が多くなっています。麻里子は来たことを後悔しましたが、由紀はまったく気にならないようです。

> ねえねえ、あの張り紙見て！「当店は値下げしました」だって。こんなに人気があるのに値下げなんてすごくない？ きっとそのせいで行列が長くなったんだね。

由紀

> もともとの値段が高すぎるねん！ そういえば、このあいだニュースで卵が値下がりしてるって言ってたけど、なんか関係あるんかな？

麻里子

　第3章では、分析対象の財の価格以外の要因は一定として、市場の価格調整メカニズムを説明しました。しかし実際の市場はもっと複雑です。第2章で学んだように、たとえば好みが変われば需要が変わり、労働者の給料が変われば供給が変わります。このように、分析対象の財の価格以外の要因が変わると、市場にどのような影響があるのでしょうか。

学習のポイント
- 供給曲線のシフトにより、市場均衡がどのように変わるのかを理解する。
- 需要曲線のシフトにより、市場均衡がどのように変わるのかを理解する。
- 需要の価格弾力性と供給の価格弾力性を学ぶ。

1 供給曲線のシフトによる市場均衡の変化

　第2章では、分析対象の財の価格により供給量が変化したときには供給曲線上の移動、それ以外の要因によって供給が変化したときには供給曲線のシフトによって表すことを学びました。第2章では個別供給曲線しか出てきませんでしたが、市場供給曲線でも考え方は同じです。本章では今後、市場供給曲線のことを簡単に供給曲線とよびます。

　図5-1は卵が値下がりしたときのケーキの需要曲線と供給曲線です。原材料である卵の価格が下がるとケーキの供給が増加するので、ケーキの供給曲線が右にシフトします。供給曲線がシフトする前後の市場均衡を比較すると、ケーキの価格が下がり、取引量が増加しています。

　では卵が値上がりしたときはどうでしょう。**図5-2**は卵が値上がりしたときのケーキの市場です。卵の価格が上がると、さきほどと逆にケーキの供給が減少するので、ケーキの供給曲線が左へシフトします。供給曲線がシフトする前後の市場均衡を比べると、今度はケーキの価格が上がり、取引量が減少しています。

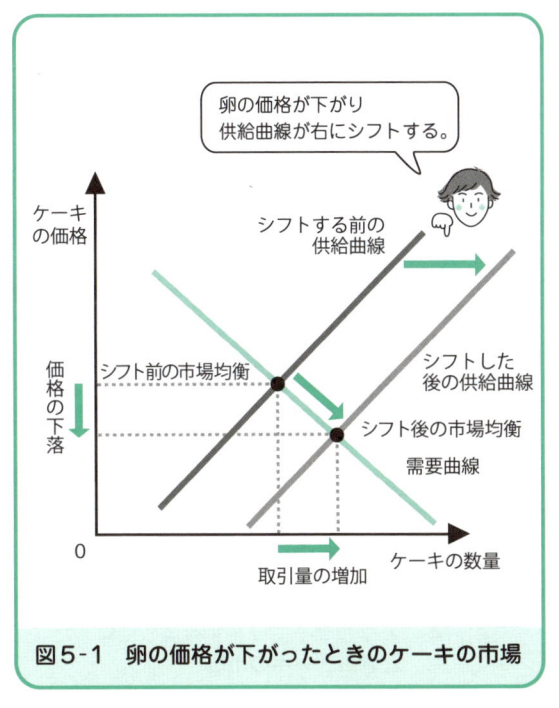

図5-1　卵の価格が下がったときのケーキの市場

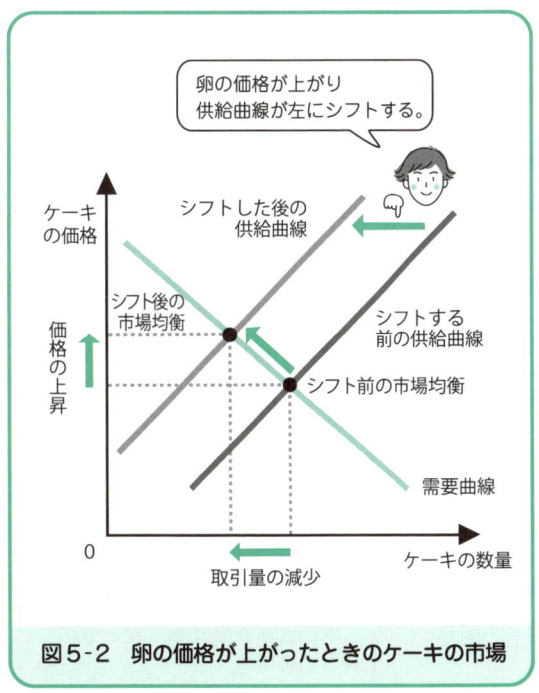

図5-2　卵の価格が上がったときのケーキの市場

2　需要曲線のシフトによる市場均衡の変化

　次に需要の変化について説明します。第2章で学んだとおり、分析対象の財の価格が変わり需要量が変化したときには需要曲線上の移動、それ以外の要因により需要が変わったときには需要曲線のシフトによって表します。第2章では個別需要曲線を用いましたが、本章で用いる市場需要曲線でも同じように考えられます。今後は市場需要曲線のことを簡単に需要曲線とよびます。

　図5-3は雑誌で特集され、ケーキの人気が高くなったときのケーキの需要曲線と供給曲線です。ケーキの人気が高くなると、ケーキの需要が増加するので、需要曲線が右にシフトします。需要曲線がシフトする前後の市場均衡を比較すると、価格が上がり、取引量も増加しています。

　では、もし人々が今までよりもダイエットするようになり、甘いものを食べなくなったら、ケーキの市場ではどのようなことが起きるでしょうか。図5-4は人々がダイエットするようになったときのケーキの市場です。甘いものを食べる人が少なくなるとケーキの需要が減少するので、需要曲線が左にシフトします。需要曲線がシフトする前に比べると、価格が下がり、取引量も減少していることがわかります。

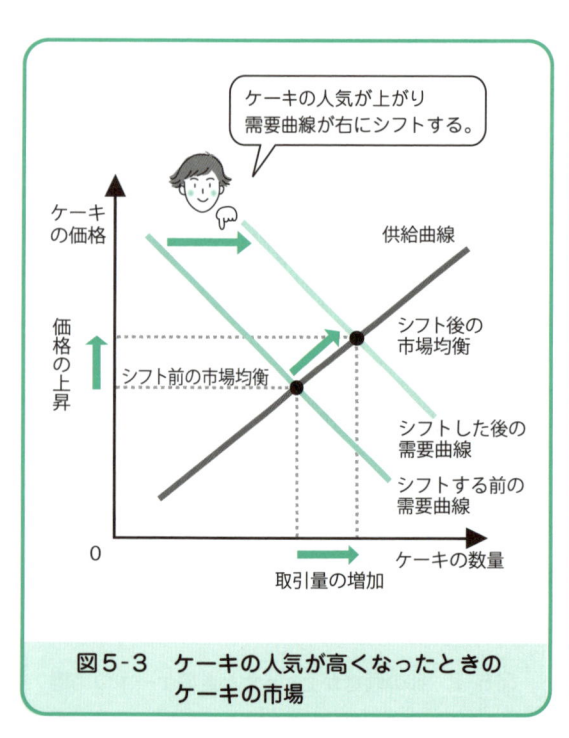

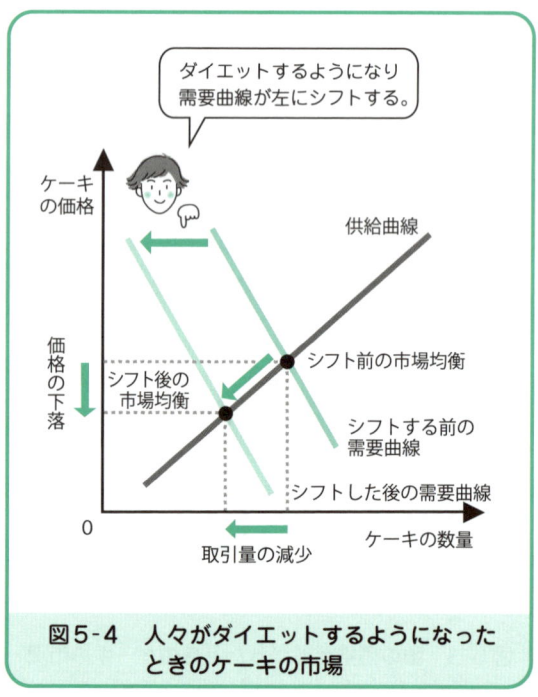

図5-3　ケーキの人気が高くなったときのケーキの市場

図5-4　人々がダイエットするようになったときのケーキの市場

第5章●需要・供給分析と価格弾力性

　需要曲線のシフトの効果は、供給曲線の形によって異なります。**図5-5**には傾きが急な供給曲線が描かれています。この供給曲線は、価格が上がっても供給量があまり増加しないことを表しています。他方、**図5-6**には傾きが緩やかな供給曲線が描かれています。このときには、価格が少ししか上がらなくても供給量が大きく増加します。

　図5-5では、需要曲線が右にシフトすると、価格は大幅に上がりますが、取引量はあまり増加しません。他方、**図5-6**では、需要曲線が右にシフトしても、価格はあまり上がりませんが、代わりに取引量が大幅に増加します。一般的には、短期に比べて長期のほうが供給曲線の傾きが緩やかになります。たとえば、トマトの価格が上がっても、すでに種を植えているとほとんど供給量を増やすことができませんが、長期的には畑を広げることで供給量を増やすことができます。つまり、**図5-5**は短期、**図5-6**は長期の状態を表すと解釈できるので、財の需要が増えると、その影響の大部分は短期的には価格の上昇、長期的には取引量の増加に表れることがわかります。

> 供給曲線がシフトするときには、需要曲線の形によって異なる影響が表れます。

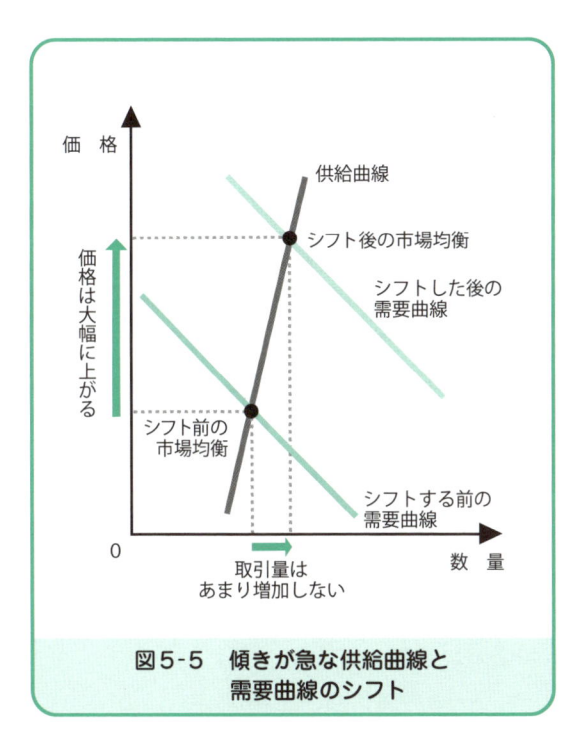

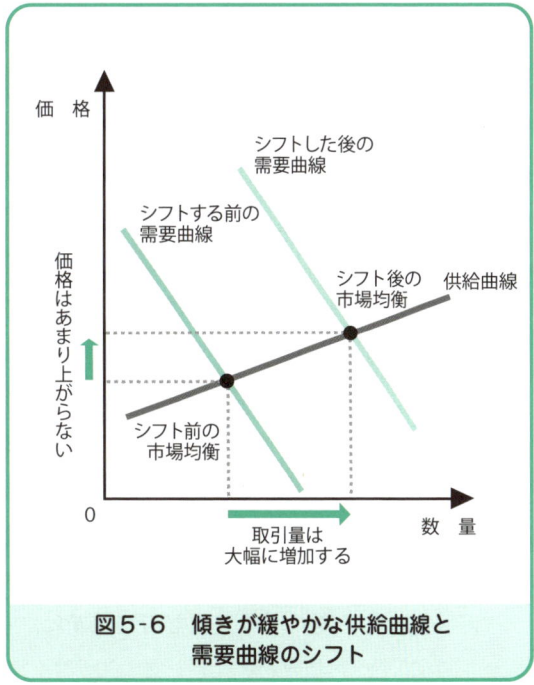

図5-5　傾きが急な供給曲線と需要曲線のシフト

図5-6　傾きが緩やかな供給曲線と需要曲線のシフト

3　需要・供給の価格弾力性

さて、経済学では変化の大きさを変化率で捉える特徴があります。変化量は財の単位によって変わるからです。**変化率**は数値の変化を％（パーセント）で表示したもので、以下の式を使って計算できます。

> **変化率　＝（変化量 ÷ 変化前の数値）**

> %は100分の1という意味です。

たとえば、ある財の価格が100円から120円に上がったとすると、変化量は20円（＝120円－100円）なので、変化率は20％（＝20円÷100円）です。

需要の価格弾力性とは、価格の変化に対する需要量の変化を変化率で表したものです。これは以下の式で表すことができます。

> **需要の価格弾力性　＝　－（需要量の変化率 ÷ 価格の変化率）**

一般的に、財は価格が下がると需要量が増加するので、慣例として－（マイナス）をつけて正の値に直します。

需要の価格弾力性は価格が１％変化したときに需要量が何％変化するのかを表します。具体的にどのような財の需要の価格弾力性が高い（低い）のでしょうか。たとえば、多くの食料品は需要の価格弾力性が低い財として知られています。それに対して、高級車のような贅沢品の需要の価格弾力性は高くなります。また、需要者にとって似通ったものがある財は需要の価格弾力性が高くなります。たとえば、海外旅行は国内旅行という代替的なサービスがあるので、需要の価格弾力性が高くなります。

需要の価格弾力性は期間の長短によっても変わります。同じ財でも時間がたつほど需要の価格弾力性が高くなります。たとえば、ガスの価格が上がっても、すぐにはガスを使わない生活に変えることはできないので、短期的にはガスの需要の価格弾力性が低くなります。しかし長期的にはガスコンロを電気コンロに替えるなど、ガスの需要量を大きく減らすことができるので、需要の価格弾力性が高くなります。

供給側にも価格弾力性があります。価格の変化に対する供給量の変化を変化率で表したものを**供給の価格弾力性**といいます。これは以下の式で表すことができます。

第5章 ● 需要・供給分析と価格弾力性

> 供給の価格弾力性 ＝ 供給量の変化率 ÷ 価格の変化率

　供給の価格弾力性は価格が1％変化したときに供給量が何％変化するのかを表します。そのため、財の供給量を簡単に増やせるほど高くなります。たとえば、栽培するために特別な条件が必要な農産物は供給量を増やすことがむずかしいので、供給の価格弾力性が低くなります。

　また、同じ財でも長期であるほど供給の価格弾力性が高くなります。たとえばガスの価格が上がっても、すぐに新しいガス田を見つけることはできないので、短期的には供給の価格弾力性が小さくなります。しかし長期的にはガス田開発などにより供給量を増やすことができるので、供給の価格弾力性が高くなります。

> せっかく値下げしてくれたけど、このお店ってこの間有名な雑誌に紹介されてたから、これ以上人気が出たら今度は値上げするんちゃう？

> そういえばそうだね。じゃあ今日は食べ放題の焼き肉は我慢して、代わりにケーキをいっぱい食べよう！　麻里子も付き合ってね！

　需要や供給の変化が市場にどのような影響を及ぼすのかわかりましたか。第4章で学んだ余剰の考えかたを用いれば、需要者や供給者の取引利益へ与える影響も考えることができます。最近見たニュースを本章で学んだ内容で説明できないか考えてみてください。

もっと知りたい人のために

需要の所得弾力性

　需要の所得弾力性は所得の変化に対する需要量の変化を変化率で表したものです。これは式で表すと以下のようになります。

> 需要の所得弾力性 ＝ 需要量の変化率 ÷ 所得の変化率

　需要の所得弾力性が1より大きい財を**奢侈品**、0より大きく1より小さい財を**必需品**といいます。奢侈品の具体例としては海外旅行や高級な服、必需品の具体例としては米や洗剤などがあります。所得が増加すると、所得に占める支出の割合が奢侈品では増加し、必需品では減少することが知られています。

| 課 題 | 需要・供給曲線のシフトと市場均衡 | 解答は137ページ |

下表はメガネの需要表と供給表である。このとき以下の問いに答えなさい。

価格（円）	需要量（個）	供給量（個）
5,000円	600	400
10,000円	500	500
15,000円	400	600
20,000円	300	700

1　メガネの需要曲線と供給曲線を図示しなさい。

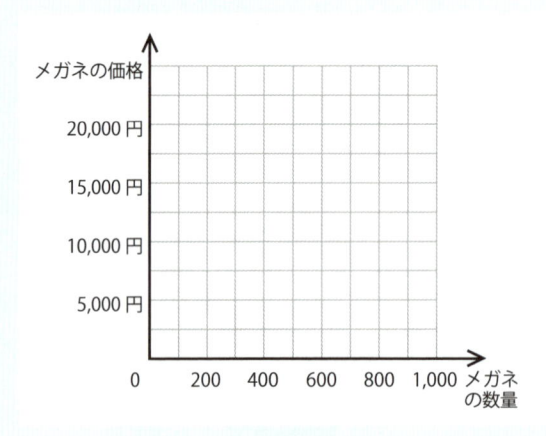

2　メガネの人気が上がり、どの価格水準でもメガネの需要量が200個増加したとする。このときのメガネの需要曲線と供給曲線を図示しなさい。また、メガネの人気が高くなる前に比べて、均衡価格と均衡取引量がどのように変化したか答えなさい。

3　政府がメガネの供給者に税を課したとする。その結果、どの価格水準でもメガネの供給量が200個減少した。このときのメガネの需要曲線と供給曲線を図示しなさい。また、税を課す前と比べて、均衡価格と均衡取引量がどのように変化したか答えなさい。

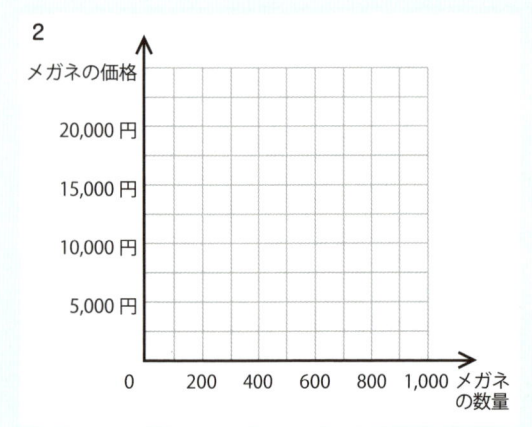

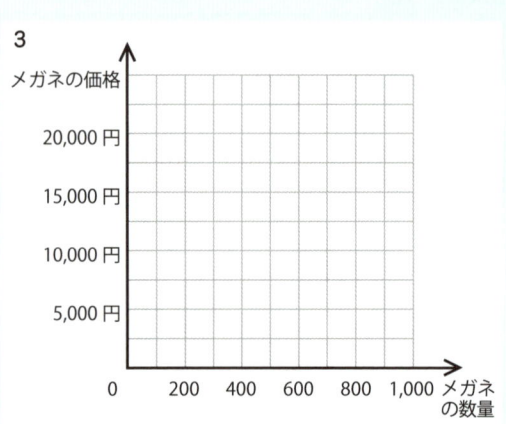

第6章 労働市場の均衡
有利な就職のためには何が必要？

　2年生になった翔と麻里子は、就職活動に備えて、大学が主催する就職活動ガイダンスに参加しました。ガイダンスでは希望に合った企業を探し、エントリーシートや履歴書を企業に送付し、筆記試験や面接を受け、内定を得るという就職活動の大まかなステップの説明を受けました。2人はガイダンスが終わると、就職課の掲示板に貼られた求人票を見てみました。

> ゼミの先輩は大手の商社に就職したのに、小さな貿易会社に転職したんだ。前より働く時間は短くなったのに給料は高くなったんだってさ。
> 　　　　　　　翔

> 給料が高くて働く時間が短いなんて、ええ会社やね。大きな会社の方が待遇はいいんかと思ってたけど、先輩はどんな仕事見つけたんやろ？
> 　　　　　　　麻里子

　翔と麻里子は企業の待遇にとても関心があるようです。どのような企業であれば高い給料をもらえるのか、あなたならどのように考えますか。この章では労働市場について学んでいきます。あなたなりの答えを見つけて就職活動に結びつけることができるかもしれません。

学習のポイント
- 労働市場について理解する。
- 人は何を基準に働くのかを学ぶ。
- 企業は何を基準に雇用量を決めるのかを学ぶ。

1　労働市場のメカニズム

まず、賃金（給料）とは何かを確認しておきましょう。**賃金**とは、企業によって労働者に支払われる労働の対価のことをいいます。賃金は労働時間（労働量）と時間当たりの賃金（賃金率）を掛け合わせたものですので、労働量が多いほど、また賃金率が高いほど、企業は多くの賃金を支払うことになり、家計はより多くの賃金が得られます。

賃金の額はどのように決まるのでしょうか。賃金が高そうな人を想像してみると答えに近づけるかもしれません。医師など資格を持っている人、危険な仕事をしている人、アイドル歌手などたくさん浮かんできます。このような人たちの賃金は必ず高いのでしょうか。そうだとすると、なぜ高いのでしょうか。

賃金は労働市場において、**労働需要曲線**と**労働供給曲線**の交点によって決まります。労働もリンゴやミカンといった生産物と同じように市場で取引されていると考えることができます。リンゴやミカン1つ当たりの対価として支払われる金銭をリンゴやミカンの価格といいますから、賃金率は労働の価格ともいえます。同じ価格ですので、市場メカニズム（価格メカニズム）で説明することができそうです。

ただし、財が取引される生産物市場の場合は需要者が家計、供給者が企業でしたが、労働が取引される生産要素市場では需要者が企業、供給者が家計となることに注意が必要です。

（1）労働需要曲線

企業は労働者を雇用して生産活動を行います。一般的に企業は賃金率が低い場合はより多くの労働者を雇い入れ、賃金率が高い場合はより少ない労働者で生産を行います。この賃金率と労働需要量の関係を表した曲線が企業の**労働需要曲線**であり、縦軸を賃金率、横軸を労働需要量とすると、労働需要曲線は**図6-1**のような右下がりの曲線（ここでは直線）となります。

> 企業が得る収入から費用を差し引いたものを利潤といいます。詳しくは第9章「独占と寡占」の77頁を参照してください。

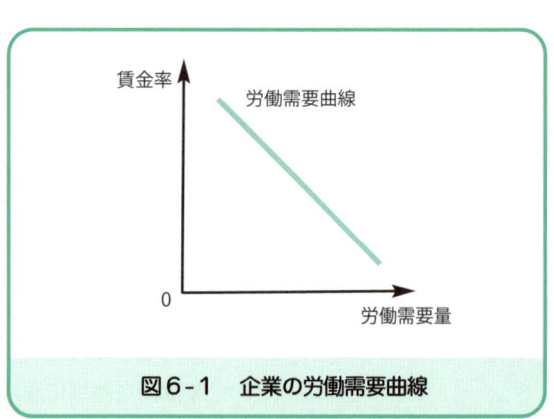

図6-1　企業の労働需要曲線

（2）労働供給曲線

次に労働供給について考えていきましょう。家計は生活していくために所得が必要であり、企業から得られる賃金を求めて働きます。ただし、すべての時間を労働に費やすわけではなく、趣味やショッピングを楽しむなど、自由な時間も過ごします。家計が使える時間には限りがあるので、どれだけの時間を労働市場に提供し、どれだけの時間を余暇として楽しむかという時間配分を考えます。

時間配分の決め手となるのは、賃金率の水準と余暇の楽しさです。多くの場合、賃金率が高くなるにつれて、人は余暇の時間を減らして働く時間を増やすため、家計の労働供給曲線は**図6-2**のような右上がりの曲線（ここでは直線）となります。ただし、時間配分の決定には個人差があります。賃金率が低いとたくさん働いてもあまり所得が得られないため、働く時間を短くし、余暇を楽しむ人も多いでしょう。そういう人は賃金率が高ければ長時間働きます。逆に、働く時間を短くしても余暇を楽しむことができない人は、賃金率が低くても長時間働こうとするかもしれません。

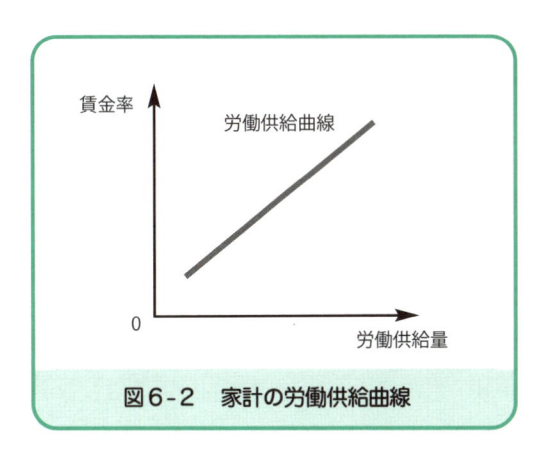

図6-2　家計の労働供給曲線

（3）労働市場の均衡

企業の行動を表す労働需要曲線は右下がりに、家計の労働供給曲線は右上がりになることを確認してきました。それを同じグラフに描くと**図6-3**になります。グラフの中で、労働需要曲線と労働供給曲線が交わる点を労働市場の**市場均衡**といい、市場均衡での賃金率を**均衡賃金率**、労働量を**均衡雇用量**といいます。賃金率が均衡賃金率よりも高い場合は労働供給量が

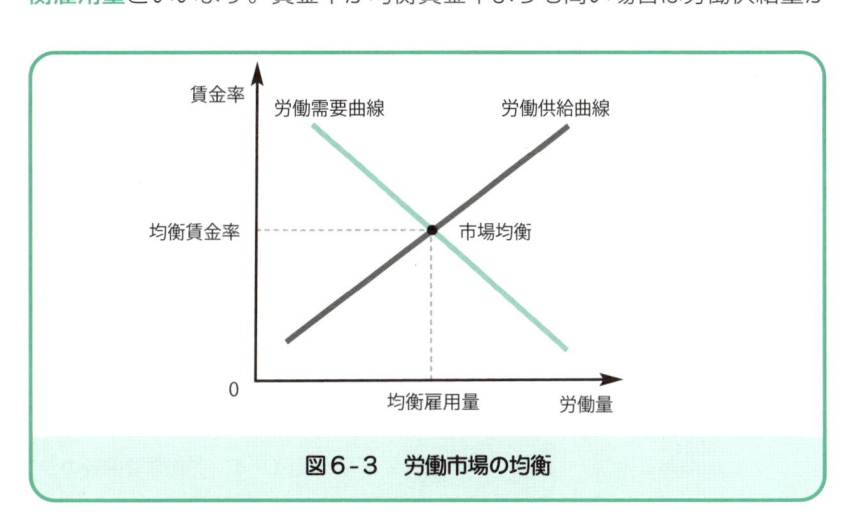

図6-3　労働市場の均衡

労働需要量を上回り、**超過労働供給**が発生するため、均衡賃金率になるまで賃金率が低下します。賃金率が均衡賃金率よりも低い場合には労働需要量が労働供給量を上回り、**超過労働需要**が発生するため均衡賃金率になるまで賃金が上昇します。

（4）労働需要曲線と労働供給曲線のシフト

労働需要曲線や労働供給曲線も財の市場と同じように、さまざまな要因によってシフトし、市場均衡も変化します。ではどのような場合に労働需要曲線・労働供給曲線はシフトするのでしょうか。

労働需要曲線から見ていきましょう。企業が売り出している製品がブームになるなどして、価格が上昇した場合を考えます。製品価格が値上がりすると、企業は同じ賃金率であればより多くの労働者を雇うことで生産量を増やし、さらに利益を上げることができます。この場合は下の**図6-4**のように労働需要曲線は右にシフトし、より高い均衡賃金率、より多くの均衡雇用量の市場均衡に移動します。

また労働以外の生産要素である機械などの資本財が値上がりする場合も考えてみましょう。企業は値上がりした機械の利用を控えて、雇用者を増やして生産を維持しようとします。この場合も労働需要曲線は右にシフトし、均衡賃金率は上昇し、均衡雇用量は増加します。

生産物や他の生産要素の価格上昇以外にも労働需要曲線がシフトする場合があります。たとえば、企業が優れた生産技術を開発し、労働者1人当たりの生産性が上昇すれば、労働需要曲線は右にシフトします。その場合も均衡賃金率は上昇し、均衡雇用量も増加します。

続いて労働供給曲線を見ていきましょう。ここでも均衡賃金率が上昇する場合の労働供給曲線のシフトを考えます。

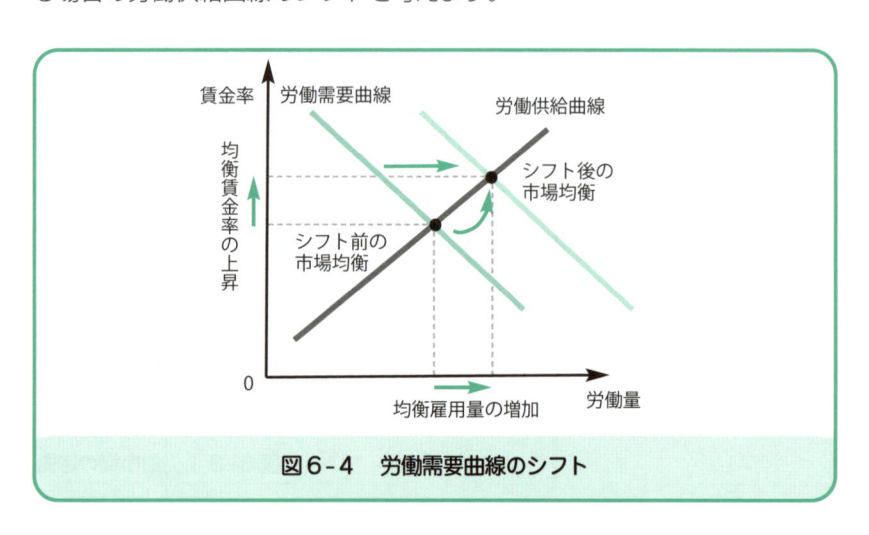

図6-4 労働需要曲線のシフト

たとえば、新発売のゲームソフトが大ヒットし、多くの人がゲームに熱中して余暇を好むようになり、労働者の就業意欲が減退する場合は、同じ賃金率での労働供給量が減少し、**図6-5**のように労働供給曲線は左にシフトすることになります。その結果、市場均衡が移動し、均衡賃金率は上昇し、均衡雇用量は減少します。

このような場合以外の要因でも、労働供給曲線はシフトします。日本では少子化によって人口が減少していますが、人口減少による働き手の減少も労働供給曲線が左にシフトする要因となります。これと同じように、事故が起こるなどして、ある労働市場で働くことが危険だと人々が感じ、その労働市場に参加したい人が減少した場合にも労働供給曲線は左にシフトし、均衡賃金率は上昇します。その他の条件が同じであれば、より危険な

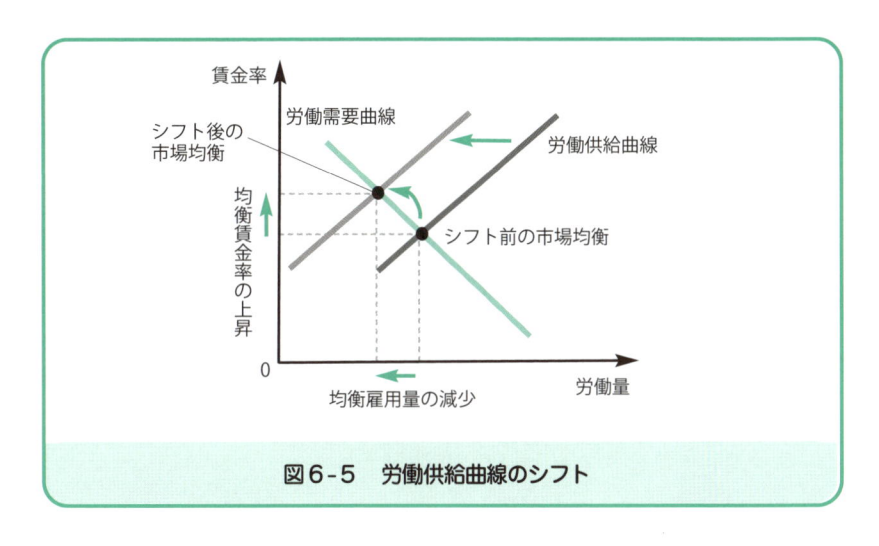

図6-5 労働供給曲線のシフト

column　日本の大学教育は役に立たない？

大学を卒業している人はそうでない人と比べると賃金が高い傾向にあります。学歴による賃金格差の発生は大きく2つの要因があるといわれています。1つは人的資本理論と呼ばれるもので、教育が個人の能力を向上させ労働の生産性を高めるというものです。もう1つは、教育が個人の能力を向上させるというよりも、個人の潜在能力を示すためのシグナルでしかないという、シグナリング理論と呼ばれるものです。企業から見れば、個人の能力が同じであったとしても、大学を卒業した個人でなければ生産能力が高いと判断しない。個人は企業のそうした行動を知っているので、シグナリング獲得のために大学に進学するというものです。

シグナリングの一例としては、ユニクロで知られるファーストリテイリング社の「大学1年生採用」の方針表明があげられます。ファーストリテイリング社の判断は、日本の大学はシグナリング機能は持っているものの、人的資本を形成するのに十分な環境ではないとの考えを示したものとして、発表直後に話題となりました。

仕事ほど高い賃金を得ることになります。

2 賃金格差はなぜ生じるのか

労働市場において賃金水準は労働需要曲線と労働供給曲線の交点である均衡賃金率となること、またその均衡点の移動について説明してきました。ではなぜ企業や個人によって賃金水準が異なるのでしょうか。

ここまでの説明では労働市場の基本的な仕組みを学ぶため、ある1つの労働市場についてだけ見てきました。実際には労働市場は1つではなく、技術力の差などの要因を反映して複数の労働市場が存在し、それぞれ異なった労働需要曲線、労働供給曲線をもっています。それはリンゴが品種によって価格が違うことと同じように、企業の属する業種などによって異なった需要・供給曲線が描かれるため、均衡賃金率の水準も異なってくるのです。

1人当たりの生産性が高い人が参加する労働市場では、企業は高い賃金を支払ってでも雇用を増やしたいと考えますので、労働需要曲線は生産性が低い労働市場に比べて右に位置します。たとえば専門的な教育を受けている人や、長年その仕事に従事していて経験豊富な人などが生産性の高い労働者に該当します。そのような労働者が参加する労働市場とそうでない労働市場の間では賃金格差が生じます。

このように教育などによって技術が向上し、賃金格差が生じると考えるのが人的資本理論です。この章の冒頭で、医師など資格を持っている人は

> **最低賃金制度**
> 最低賃金制度とは、賃金率に下限を設けることで低賃金の労働者を保護しようとする制度で、日本をはじめ多くの国で採用されている。均衡賃金率が最低賃金率よりも低い場合は市場の賃金率は最低賃金率の水準となり、超過労働供給が発生するため、労働時間の減少や失業の増加を招くおそれがある。

column　イケメンは得をするか？

いわゆる「美男美女」が労働市場で就職機会に恵まれているか、高い賃金を獲得できているかを分析したアメリカの実証研究があります。この研究によると、アメリカでは容姿が平均以上と評価された人は、その他の条件が同じ人よりも高い賃金（賃金プレミアム）を得ること（男性は＋4％、女性は＋8％）、一方、容姿が平均以下と評価された人はより低い賃金となること（男性は－13％、女性は－4％）が示されています。容姿が良い人は他にも、ローン審査の承認確率が高い、顧客との折衝機会が多い仕事に就きやすいことが示されています。

では「美男美女」の賃金プレミアムは生産性の高さによるものでしょうか。たとえば顧客との折衝機会が多い仕事で、顧客が容姿の良い営業担当者から買いたがる傾向にあれば、賃金プレミアムは生産性の高さによるものであるといえるでしょう。一方、電話による営業活動など、容姿の良さと売上の関連が低い仕事でも賃金格差が生じている場合は、容姿による差別が行われている可能性もあります。後者の場合は、性別、人種と同じように「容姿」を差別撤廃措置の対象に含むべきであると論文の著者は言及しています。

賃金が高そうだと予測しましたが、これは人的資本の蓄積が一因と考えられます。また賃金率の格差は生まれつきの素質によっても生じます。優れた容姿や歌声を持つアイドル歌手は多くの所得を得るでしょう。

労働供給曲線が左に位置し、均衡賃金率が高くなる労働市場についても見ていきましょう。労働供給曲線のシフトのところでも説明したように、過酷な仕事や危険な仕事を行うような労働市場では、参加しようとする人は少なくなり、労働供給曲線は左に位置します。そのため他の労働者と能力が変わらなくても、危険な仕事に就く人の賃金率は高くなります。また、資格によっては取得できる人の数が限られており、危険な仕事と同じように労働供給が抑えられることがあります。先ほど資格を持っている人は人的資本の蓄積によって賃金率が高いと説明しましたが、人的資本の蓄積だけでなく、労働供給の抑制も賃金率が高くなる要因といえそうです。

就職活動を有利に進め、高い賃金を得るには、多くの知識を身に付けたり、資格を取るなどして、人にはできない仕事ができるよう努力するだけ

> **もっと知りたい人のために**

なぜ労働需要曲線は右下がりか

企業が人を雇い入れるかどうかの判断は、労働を追加的に1単位だけ雇用することで得られる収入である**労働の限界収入**（または**労働の限界価値生産性**）が、労働を追加的に1単位分雇用することで発生する費用である**労働の限界費用**を上回っているかどうかによって決まります。上回っている場合は雇用を増やせばさらに利潤を増やすことができ、下回っている場合は雇用を減らせば利潤を増やすことができます。利潤最大化を目指す企業は、これ以上雇用量を増やしても減らしても、利潤が増えなくなる水準まで雇用量を調節することになります。つまり労働の限界収入が労働の限界費用と等しくなるまで雇用量を調節します。労働の限界費用は賃金率であるため、企業は賃金率と労働の限界収入が等しくなるよう行動することがわかります。

労働の限界収入は通常、雇用量が増えるほど低下していきます。これは洋服を生産する企業を例に考えてみると理解しやすいかもしれません。ある企業が5台のミシンと5つの裁縫セットを持っており、3人の労働者を雇用しているとします。あと2人までは雇用を増やしてもミシンが使えますので、労働の限界収入は変わりません。しかし、3人目からはミシンが使えず、裁縫セットで縫っていくことになりますので、労働の限界収入は低下してしまいます。雇用量が10人を超えると裁縫セットすら使えませんので、労働の限界収入はさらに低下してしまいます。

企業は労働の限界収入と賃金が一致するように行動していますので、雇用量が多いとき（労働の限界収入が低いとき）は賃金率が低く、少ないとき（労働の限界収入が高いとき）は賃金率が高いことがわかります。そのため賃金率と労働量の関係性は**図6−1**のように右下がりとなります。

でなく、生まれつきの素質に合った仕事を探してみたり、人の嫌がる仕事でも自分にとっては苦にならないものを探してみるのもいいかもしれません。

転職した先輩に詳しい話を聞いてみたら、先輩は中国語が堪能なんだって。商社で築いた人脈を活かして転職先で中国市場の開拓を進めているそうだよ。それで給料が上がったらしいよ。

なるほどね。企業側の需要が多いのに、スキルを持つ人が少ない仕事を見つけられたら、働く時間が短くても給料は高くなるんか。私も役に立ちそうな外国語を習い始めてみよっ！

課題　労働市場の均衡を計算してみよう

解答は137ページ

1　均衡点を見つけよう

完全競争市場を前提としたとき、企業の労働需要曲線（①）と家計の労働供給曲線（②）が下記のとおりであったとする。このときの均衡賃金率と均衡雇用量を求めなさい。

労働需要曲線　$d = 25{,}000 - 5w$ … ①
労働供給曲線　$s = 5w - 5{,}000$ … ②
（d：労働需要量、s：労働供給量、w：賃金率）

2　最低賃金を導入するとどうなる？

低い賃金率で働く家計を助けるために、政府が最低賃金制度を導入したとする。労働需要曲線、労働供給曲線はそれぞれ①、②のままで、最低賃金率を4,000とすると（$w \geqq 4{,}000$）、賃金率および雇用水準はそれぞれいくらになるか。またこの場合、超過労働供給は生じるか。生じるのであれば、超過労働供給量はいくらか。

3　補助金による労働需要曲線のシフト

政府は最低賃金制度を撤廃し、代わりに企業に対し、支払賃金率の50%（＝0.5倍）を補助金として企業に援助することにした。その場合の労働需要曲線は③のようになる。補助金の適用は労働需要曲線にのみ影響を与えるとしたとき、補助制度導入後の均衡賃金率と均衡雇用量を求めなさい。

補助制度導入後の労働需要曲線　$d = 25{,}000 - 5w \times 0.5$
$= 25{,}000 - 2.5w$　… ③

第7章 戦略形ゲーム
友情と愛情どっちをとる？

　由紀と麻里子は同じ悩みを抱えています。それは、入学以来ひそかに恋心を抱いてきた翔に、告白するかどうかという恋の悩みです。恋する2人ですが、これまで告白のチャンスはありませんでした。もうすぐ翔の誕生日。この機会に由紀は翔をデートに誘い、告白しようか迷っています。

> 翔は、どちらか1人から告白されたら付き合おうと思っているみたい。だけど、2人から同時に告白されたら、私たちの仲を気遣って、どちらも断ると言ってたらしい。

> 麻里子のことは大好きだけど、麻里子が翔と付き合うのはイヤ。でもお互いに抜け駆けして告白すると、2人ともフラれたうえに、麻里子との仲も気まずくなるし…。

> 告白するかどうか悩むなあ…。麻里子に相談するわけにもいかないし、健太に相談してみよう。

翔　　　由紀　　　麻里子

　一方の麻里子も、由紀と同じように翔の誕生日にデートに誘い告白しようかと悩んでいます。親友と同じ人を好きになってしまい、友情をとるか愛情をとるかというジレンマ状態です。このような状況のときに、あなたなら由紀にどのようなアドバイスをしますか？

学習のポイント
- ゲーム理論とはどのような学問かを理解する。
- ゲームを構成する3つの要素を理解する。
- ナッシュ均衡を理解する。
- パレート改善、パレート効率性を理解する。

1　ゲーム理論とは何か

　由紀へのアドバイスを導き出す方法は、占いや相性診断などいろいろとあると思いますが、ここでは経済学の一分野である**ゲーム理論**を使って考えましょう。まずは、ゲーム理論とはどのような学問なのかを説明し、その後で、ゲーム理論を用いて由紀へのアドバイスを考えてみます。

（1）ゲーム理論

　ゲームというとSONYや任天堂のテレビゲームを想像する方が多いと思いますが、ここでは、じゃんけん、将棋、チェスのようなゲームをイメージしてください。これらのゲームには、ある共通した特徴があります。それは、自分の勝ち負け（利害）が、自分がどうするかだけでなく、他の人がどうするかにも影響されて決まるということです。じゃんけんを例に考えてみましょう。あなたがグーを出した場合、相手がチョキを出せばあなたの勝ちですが、相手がパーを出せばあなたは負けてしまいます。つまり、あなたがじゃんけんで勝つか負けるかは、あなた自身が何を選ぶのかだけでなく、相手が何を選ぶのかにもよります。同様に、相手の勝ち負けもあなたの選択に影響されます。お互いの利害が、それぞれの選択に依存している状態を**戦略的環境**とよびます。戦略的環境は特殊なものではなく、外交交渉や企業間競争のような規模の大きなことから、スポーツや恋の駆け引きといった日常生活まであります。そして、戦略的環境のなかで、プレイヤーがそれぞれの目標を達成しようと行動すると、どのような結果になるのかを分析する手法が**ゲーム理論**です。

　ゲーム理論はここまで勉強してきた経済学とは視点が異なるため、とまどう方もいるかもしれません。完全競争市場では、多数の参加者がいるため、互いの行動が市場に影響を与えないこと（プライス・テイカー）を前提としていました。一方で、第9章で学習する独占市場や寡占市場では、個々の企業の影響力が大きいため、市場価格などに影響を与えるプライス・メイカーです。これらの市場は消費者と生産者の間に、またはライバル企業間に戦略的環境があると考えることができます。これらの市場における個々の主体の行動を分析するためには、ゲーム理論を用いた分析が有効です。そのために、ゲーム理論をしっかり勉強する必要があります。

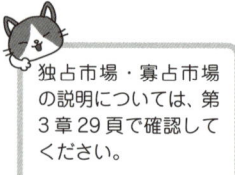

> 独占市場・寡占市場の説明については、第3章29頁で確認してください。

> **ゲーム理論の汎用性**
> 戦略的環境は多くの場面で見られるため、ゲーム理論は経済学にとどまることなく、政治学、社会学、心理学、経営学、情報工学、生物学などに幅広く用いられている。

（2）ゲームを構成する3つの要素

　ゲームは、一般的には、**プレイヤー**、**戦略**、**利得**の3つから構成されています。この3つは、ゲームの説明書のようなものだと思ってください。

① プレイヤー

ゲームで意思決定し行動する主体のことです。ゲーム理論を用いて分析するときには、分析目的に応じて、プレイヤーが誰であるのかを適切に設定します。本章の例では、プレイヤーは「由紀」と「麻里子」です。翔はプレイヤーには含まれません。

② 戦略

戦略形ゲーム(後述)では、選択可能な行動を戦略とよびます。本章の例では、由紀の戦略は「告白する」と「告白しない」です。同様に、麻里子の戦略も「告白する」と「告白しない」です。

③ 利得

経済学やゲーム理論では、プレイヤーは実現しうる状態に対して好みの順序（大小関係）を持っていると考えます。好みのことを選好といい、好みの順序のことを選好順序といいます。この選好を便宜的に数値化したものを利得または効用とよびます。経済学では、効用という表現を用いることが多いですが、ゲーム理論では、利得という表現を用いることが一般的ですので、以下では利得と表現します。

由紀の選好順序は次の通りだとします。自分が翔と付き合う状態が最も好ましいと思っており、互いに告白せずに友情を保つ状態が２番目に好ましく、３番目は互いに告白して互いにフラれて気まずい状態で、相手が翔と付き合う状態が最もいやだと思っているとします。この選好を数値化してみましょう。付き合えたらハッピーなので、１番目の状態の利得を「５」、互いに告白せず現状維持である２番目の状態の利得を「０」だとしましょう。お互いフラれて麻里子と気まずくなった３番目の状態を「−5」、相手が翔と付き合う最悪の状態を「−10」とします。ここでは利得として5、0、−5、−10を使いましたが、このケースでは、順序関係が同じであれば、あなたの好きな数値にしてもらってもかまいません。麻里子も由紀と同じ選好順序を持っており、麻里子の利得も同じ数値とします。

以上をまとめたのが表7-1です。この表を利得表または利得行列といいます。表のマスの中の左側の数値が由紀の利得、右側が麻里子の利得を表しています。このように、プレイヤー、戦略、利得の３つの要素から構成されるゲームを戦略形ゲームまたは標準形ゲームといいます。

表7-1　由紀と麻里子の告白ゲームの利得表

		麻里子	
		告白する	告白しない
由紀	告白する	−5、−5	5、−10
	告白しない	−10、5	0、0

　ゲームの定式化（説明書作成）はこれで完了です。では次に、このゲームで何が起こるのか、つまり、由紀と麻里子の恋の行方を予測してみましょう。

2　ゲーム理論を用いた予測

　恋の行方を予測する前に、プレイヤーはどのような考え方で選択するのかを説明します。第1章で説明したように、経済学では、個人は自分の利得が最も大きくなるように合理的な意思決定をすると考えます。ゲーム理論でも同様です。さらに、プレイヤーは他の合理的なプレイヤーの行動をしっかりと推論する能力も持っていると考えます。このようなプレイヤー（ここでは由紀と麻里子）が行動すると、どのような結果になるのかを考えてみましょう。

（1）麻里子が告白する場合

　由紀と麻里子は、お互いの好みの順序などゲームに記載された内容はすべて知っているとします。麻里子が告白する場合、由紀はどうすればよいのでしょうか。由紀も告白すると由紀の利得は−5になり、告白しないと由紀の利得は−10になるので、由紀は告白したほうが得です。そのため、自己の利得を最大にする合理的なプレイヤーであれば「告白する」戦略をとります。このように、他のプレイヤーの戦略に対して、自分の利得を最大にすることを**最適反応**とよび、ゲーム理論では、プレイヤーは常に最適反応をとると考えます。

（2）麻里子が告白しない場合

　麻里子が告白しない場合には、由紀が告白すると由紀の利得は5で、由紀が告白しないと由紀の利得は0となるので、由紀は告白することが最適

反応です。

（3）結論

　以上から、由紀は麻里子のいずれの戦略（告白する or 告白しない）に対しても、告白することが最適反応だということがわかりました。つまり、ゲーム理論的には、麻里子がどうするかにかかわらず、由紀は告白することがベストなのです。

　では次に、麻里子の立場に立って由紀が告白する場合、しない場合それぞれについて考えてみましょう。先ほど説明した思考プロセスと同様の考え方で、麻里子も告白するという結論になります。利得表の見方に慣れるため、**表7-1**を見ながら自分で確認してください。友情か愛情かという究極の選択でしたが、ゲーム理論を用いると、由紀も麻里子も翔に告白し、2人ともフラれて友情にひびが入ってしまうという残念な結末になることが予測できます。由紀も麻里子も自分の利得だけを大きくしようとしたことが悲劇の原因です。この結論に納得できない人もいるかもしれませんので、もう少し詳しく説明します。

支配する
相手がどの戦略を選んだ場合でも、自分の戦略Aの方が自分の戦略Bより高い利得をもたらすとき、戦略Aは戦略Bを支配するとよぶ。ここでは、由紀の「告白する」戦略は「告白しない」戦略を支配している。

3　ナッシュ均衡

ジョン・ナッシュ
1928〜2015
アメリカの経済学者・数学者。均衡概念の理論的開拓などにより1994年にノーベル経済学賞を受賞。アカデミー賞映画「ビューティフル・マインド」はナッシュと妻の夫婦愛の物語。

　ゲーム理論では、ナッシュ均衡という概念を用いてこの思考プロセスを説明します。**ナッシュ均衡**とは、すべてのプレイヤーが他のプレイヤーに対して最適な戦略をとりあっている状態のことです。そのため、ひとたびゲームがナッシュ均衡に到達すると、どのプレイヤーも戦略を変えようとせず、そこから動かなくなります。そのような意味でナッシュ均衡は安定しており、現実的にも起こりうる結果であるため、ゲーム理論では均衡をゲームの解であると考えます。

　表7-1の告白ゲームに戻ってナッシュ均衡を考えましょう。ここでは（由紀の戦略、麻里子の戦略）＝（告白する、告白する）という戦略の組がナッシュ均衡です。ここで仮に由紀だけが戦略を「告白する」から「告白しない」に変えると、由紀の利得は−5から−10に下がるので、由紀にとって戦略を変更するメリットはありません。同様に、麻里子だけが戦略を変えても、麻里子の利得は下がるため、麻里子にとって戦略を変更するメリットはありません。このように、ナッシュ均衡では、すでにお互いに最善の策をとっているため、相手が戦略を変えないかぎり自分は戦略を変える理由がなく、このままの状態で動きません。そのため、（由紀の戦略、麻里子の戦略）＝（告白する、告白する）というナッシュ均衡は安定しているのです。

> ナッシュ均衡は「戦略」ではなく「戦略の組」であることに注意してください。

ゲーム理論の解であるナッシュ均衡の見つけ方は、先ほどの思考プロセスをとればよいのですが、より一般的な見つけ方を説明します。

STEP 1 他のプレイヤーの戦略それぞれに対して、自分の利得を最大にする戦略の利得に下線を引く。

今回の例だと、麻里子の戦略それぞれに対して、由紀の最適反応の利得に下線を引きます。麻里子の「告白する」戦略に対して、由紀の最適反応は「告白する」戦略で、そのときの由紀の利得−5に下線を引きます。次に、麻里子の「告白しない」戦略に対しては、由紀の最適反応は「告白する」戦略で、そのときの由紀の利得5に下線を引きます。

麻里子

		告白する	告白しない
由紀	告白する	<u>−5</u> , −5	<u>5</u> , −10
	告白しない	−10 , 5	0 , 0

STEP 2 自分以外のプレイヤーについても **STEP 1** と同様の作業をする。

麻里子についても **STEP 1** と同様の作業をします。由紀の「告白する」戦略に対して、麻里子の最適反応は「告白する」戦略で、そのときの麻里子の利得−5に下線を引きます。次に、由紀の「告白しない」戦略に対しては、麻里子の最適反応は「告白する」戦略で、そのときの麻里子の利得5に下線を引きます。

麻里子

		告白する	告白しない
由紀	告白する	<u>−5</u> , <u>−5</u>	<u>5</u> , −10
	告白しない	−10 , <u>5</u>	0 , 0

STEP 3 すべてのプレイヤーの利得に下線が付いている戦略の組がナッシュ均衡。

最後に、利得表の4つのマスのうち、2人ともの利得に下線が引かれた箇所を探します。由紀も麻里子も「告白する」戦略をとったときの利得（−5、−5）に下線が引かれています。このときの戦略の組がナッシュ均衡です。

第7章●戦略形ゲーム

簡単なゲームであれば、上記の方法でナッシュ均衡を見つけることができます。ナッシュ均衡は、自分がどうしたいかと考えるのではなく、相手がこうしてきたらこのように対応するというように、相手の立場に立って考えることがポイントです。そのような意味で、ナッシュ均衡は、戦略的環境での思考だといえます。

4　パレート効率性

経済学にとって重要な考え方をもう1つ説明します。経済政策などにより、ある経済状態から別の状態へ変化したときに、変化の前後でどちらが望ましいのかという評価を求められます。ものごとの望ましさを評価する基準は、倫理や公平感などいろいろありますが、経済学では、効率性（無駄がない）を望ましさの基準として重視します。効率性を重視するのは、希少な資源から、より効率よく生産および配分しようと考える経済学の1つの特徴だと思ってください。また、効率がよい方が望ましいという基準は、文化や習慣が異なったとしてもどんな人にも受け入れられそうです。

ある状態から別の状態へと変化したときに、誰の利得も下げることなく、少なくとも1人の利得が増えれば効率性が改善されたと考えます。これを**パレート改善**といいます。また、これ以上パレート改善することができない状態のことを**パレート効率的**といいます。パレート効率的な状態とは、誰かの利得を下げなければ（犠牲にしなければ）、自分の利得が増えない状態と言い換えることもできます。たとえば、込み合った電車内で座席が空いていたときに、誰かが座れば、他の誰かの利得を減らすことなく座った人の利得を増やすことができるのでパレート改善です。つまり、座席が空いたままの状態は、利用可能な座席（資源）を利用していないという意味で非効率なのです。一方、すべての座席が埋まっている状態は、誰かが席を譲らなければ（利得を下げなければ）、他の誰かが座れないため（利得を上げられないため）、パレート効率的です。ところで、第4章で余剰は取引利益を示す指標であり、余剰は大きい方が望ましいと説明しましたが、余剰とパレート効率性は同じ概念なのでしょうか。入門レベルでは、余剰は効率性と同じではないが代理概念だと考えてください。そう考えると、市場均衡（総余剰が最大化されているとき）では、資源の無駄が発生していない最も効率的な望ましい状態（パレート効率的）だといえます。

では、由紀と麻里子の告白ゲームに戻ってパレート改善を考えましょ

ヴィルフレド・パレート
1848〜1923
イタリアの経済学者・社会学者。一般均衡理論の発展に貢献したほか、社会全体の所得分配などを研究対象とする厚生経済学を開拓した。

> パレート効率的とは、全員が一致して望む別の状態が存在しないともいえます。

う。ナッシュ均衡では2人の利得はともに－5でしたが、(由紀の戦略、麻里子の戦略)＝(告白しない、告白しない)では2人の利得はともに0です。そのため、ナッシュ均衡から、2人とも告白しなかったときの変化は、どちらの利得も減ることなく2人の利得が増えるので、パレート改善です。効率性という基準から判断すれば、ナッシュ均衡よりも2人とも告白しない方が望ましい状態です。実は、2人とも告白しないときはパレート効率的です。つまり、効率性の観点から評価すれば最も望ましい状態です。表7-1を見て、2人とも告白しない状態からこれ以上のパレート改善ができないことを確認してください。

「告白する」戦略は、個々のプレイヤーにとって合理的な戦略でした。一方で、「告白しない」戦略は、集団全体の利得を高めることができる（パレート効率的）戦略でした。このように、個々のプレイヤーにとって合理的な戦略と集団全体の利得を高める戦略が合致しないゲームを、囚人のジレンマゲームもしくは社会的ジレンマゲームといいます。個人の利得と社会全体の利得を天秤にかけて、どちらをとるべきかとジレンマを抱えているようなイメージです。由紀と麻里子の例では、告白しない方が共に利得を高めることができるけれども、告白した方が自己の利得は高いので、どうしたものかとジレンマを抱えています。

column 「囚人のジレンマゲーム」の解決策

「なんで囚人なの？」と疑問に思った方も多いと思います。1950年に、アメリカのランド研究所でジレンマ構造のゲームが考案され、それをわかりやすく説明するために、2人の囚人が自白するか黙秘するかのジレンマを抱えているというストーリーを用いたことに始まります。この実験以降、ジレンマ実験はさまざまなバリエーションで数多くなされています。一般的な結果としては、最初は最適反応をとらない被験者がいるのですが、繰り返すにつれて最適反応をとるようになり、ゲーム理論の解であるナッシュ均衡に近づきます。では、このジレンマゲームをナッシュ均衡ではなく、パレート効率的な状態へと導くことはできないのでしょうか。たとえば、罰や報酬を与えるというシステムが有効だということが実験研究から明らかになっています。それ以外にも、事前のコミュニケーションなども有効であることがわかっています。

第7章 ● 戦略形ゲーム

　ゲーム理論分析から、このままだと2人がともに告白して、気まずくなってしてしまうことがわかりました。健太はどんなアドバイスをしたのでしょうか。

＞ マダム・ナッシュっていう有名な占い師に占ってもらったら、どちらも告白したらフラれるうえに、麻里子との仲もギクシャクしちゃうってさ。実は麻里子からも同じ相談をされているんだけど、告白はしないように説得するよ。だから、由紀も告白するのはやめときな。

＞ うん、わかった。やっぱり恋より友情だよね。

2人の友情が壊れずにすんで、めでたし、めでたし！

> この章には「経済実験2 数当て実験」が付属します。詳しくは147頁を参照してください。

もっと知りたい人のために

協力は報酬なのか？

　コラムの中で述べたとおり、囚人のジレンマゲームを用いた被験者実験を実施すると、ナッシュ均衡に近づくことがわかっています。一方で、集団全体の利得を高めることができる戦略についてもある程度観察されます。相手が個人合理的な戦略をとると予想しているにも関わらず、集団全体の利得を高める戦略を選ぶのです。この理由については、今でも十分にわかっておらず、さまざまな研究分野の研究者たちが取り組んでいる課題です。ここでは、この課題について脳科学的な視点からアプローチした研究をひとつ紹介します。脳科学者のリリングたちは、囚人のジレンマゲームを同じ相手と繰り返す実験において、意思決定を行うときの脳神経活動を計測しました。実験では、2人が同時に「協力」か「裏切り」のいずれかを選択します。協力が集団全体の利得を高める戦略で、裏切りが個人の合理的戦略に相当します。実験結果では、自分が裏切を選択し、相手が協力を選択した場合（自分の利得が最も大きい状態）よりも、互いに協力を選択した場合（パレート効率的な状態）の方が、報酬と関係する脳の部位がより強く活動しました。また、実験後のインタビューでも、被験者は互いに協力したときが最も満足度が高いと見なしていました。このことから、リリングたちは、協力関係の成立が脳内では報酬として見なされているため、ヒトは協力行動をするのだと考察しています。

Rilling JK, Gutman DA, Zeh TR, Pagnoni G, Berns GS, Kilts CD (2002): A neural basis for social cooperation. *Neuron* 35: 395-405.

課題　戦略形ゲームでの分析

解答は138ページ

1 チキン・ゲームをご存じだろうか。ジェームス・ディーン主演の映画『理由なき反抗』にも取り上げられた若者の度胸試しゲームで、それぞれが車に乗り、崖に向かって同時に走り出し、先に車をストップさせた者がチキン（弱虫）とされる。このゲームについて下記の枠を利用して利得表を作り、ナッシュ均衡を求めなさい。プレイヤーはジムとバズの2人で、それぞれの戦略は「直進」「ブレーキ」とする。2人とも同じ選好順序を持ち、1番：自分が直進し相手はブレーキを踏んで自分が勝つ、2番：自分も相手もブレーキを踏んで引き分け、3番：自分はブレーキを踏み相手は直進し相手が勝つ、4番：自分も相手も直進し崖から落ちる、とする。1番目のときの自分の利得を5、2番目以降の利得はそれぞれ、0、−5、−10とする。2人とも同じ選好を持っており、2人とも同じ利得とする。

> まずプレイヤーを書いて、次に戦略を、最後に利得を書いてください。

2 由紀は麻里子とカフェに行く約束をしていた。駅の改札を出たところで麻里子と待ち合わせしていたが、駅に着いたら、改札が東口と西口の2つあることがわかった。携帯電話はこんなときに電池切れ。さて、どちらの改札に行こうか。この待ち合わせ環境について下記の枠を利用して利得表を作り、ナッシュ均衡を求めなさい。プレイヤーは由紀と麻里子の2人で、それぞれの戦略は「東口待ち」「西口待ち」とする。利得は、東口でも西口でもどちらでもいいので、互いに同じ改札に行って会えたら10とし、別々の改札に行って会えなかったら0とする。2人とも同じ選好を持っており、2人とも同じ利得とする。

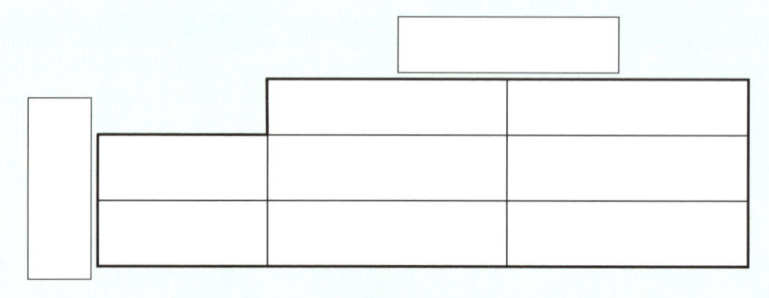

第8章 展開形ゲーム
強盗の脅しは有効か？

　グローバルに活躍するビジネスマンに憧れる翔と健太は、夏休みを利用して海外に出かけました。夜の町を散策しているうちに、うっかり治安の悪い地区に迷い込んでしまったようです。食べ物の屋台に見とれていた健太は、ホテルに戻ろうと急ぐ翔とはぐれてしまいました。そこへ怪しい人影が……。

> おい！金を出せ。この拳銃が見えないのか！

> どうしよう。財布の中には全財産が入ってるんだ。旅先で一文無しになりたくないよ。

健太

　お金を渡してしまったら旅費もお土産代もなくなってしまいます。しかし、どうやら強盗が手に持っている拳銃は本物のようです。少し離れたところには警官の姿が見えますが、こちらに気づいている様子はありません。このような状況のときに、あなたが健太ならどうしますか？

学習のポイント
- 同時手番ゲーム、逐次手番ゲームの違いを理解する。
- ゲーム・ツリーを理解し、ゲームを記述できるようになる。
- 後ろ向き推論とはどのような考え方かを理解する。

1　ゲームと手番

　　　　拳銃は実は偽物だとか、警官は強盗とグルかもしれないといったことは考えないでください。ここでも、ゲーム理論を用いて、どのような結論が導けるのかを考えてみましょう。

　　　　今回取り上げる戦略的環境は、第7章で説明した告白ゲームとは大きく異なる点があります。それは、意思決定に順番があることです。友情と愛情のジレンマゲームでは、2人のプレイヤーが同時に行動を決定する状況を考えていましたが、今回の戦略的環境では、健太が先に行動して、その行動を知ったうえで強盗が行動します。このように、意思決定に順番があるゲームを**逐次手番ゲーム**といい、それに対して、同時に意思決定するゲームを**同時手番ゲーム**といいます。将棋やチェスが逐次手番ゲームの例で、じゃんけんが同時手番ゲームの例です。逐次手番ゲームでは、**ゲーム・ツリー**とよばれる行動が枝分かれする図を用いて分析することが一般的です。では、さっそくゲーム・ツリーを書いて、今回の戦略的環境を定式化してみましょう。

2　ゲーム・ツリーの書き方・見方

　　　　ゲーム・ツリーを書くにあたり、いくつかの点を整理しましょう。まず、プレイヤーを考えます。本章の例では、プレイヤーは、「健太」と「強盗」です。警官はプレイヤーではありません。次に、先手の健太と後手の強盗がどのような行動を選択できるのかを考えます。健太は「お金を渡す」か「お金を渡さない」を選ぶことができるとします。強盗は、健太がお金を渡さない場合には、「発砲する」か「発砲しない」を選ぶことができるとします。なお、健太がお金を渡した場合には、強盗は発砲することなくお金を持って逃げるとします。

　　　　最後に、健太と強盗の選好を考えて、それを利得に置き換えてみましょう。健太は、お金も大切ですが、お金よりも自分の身が大切だと思っています。そのため、健太は、お金を渡さないけれど撃たれない状態が最もよいと思っており、2番目に、お金を渡して助かる状態がよいと思っており、お金を渡さずに撃たれる状態が最悪だと思っています。一方、強盗は発砲してしまうと、少し離れたところにいる警官に気付かれて捕まってしまうので、できれば発砲したくないと思っています。そのため強盗は、発砲せずにお金をもらえる状態が**最も**よいと思っています。そして、2番目に、お金をもらえないけれど発砲もしない状態がよいと思っています。お

金をもらえず発砲してしまう状態が、最も嫌な状態だと思っています。次に利得を考えます。選好を利得に置き換える際には、このケースでも順序関係を守ればよいので、次のように考えましょう。健太の財布の中身は10万円だとします。そのため、お金を渡した場合はマイナス10万円とします。発砲された場合、命を落とすことはないのですが、入院費にお金が50万円かかるのでマイナス50万円とします。そうすると、健太の利得は、1番目：0、2番目：−10、3番目：−50、となります。同様に強盗の利得も考えてみましょう。強盗は、発砲すると近くにいる警官に取り押さえられ、殺人未遂罪として禁固5年の刑に処されるとします。この禁固5年の刑は金銭に換算した場合は、マイナス100万円であるとします。そうすると、強盗の利得は、1番目：10、2番目：0、3番目：−100、となります。

以上述べたゲームの構造を、**図8-1**としてまとめることができます。この図は、木が生い茂るように見えるのでゲーム・ツリーとよばれています。なお、このようなゲーム・ツリーであらわされるゲームを**展開形ゲーム**とよびます。

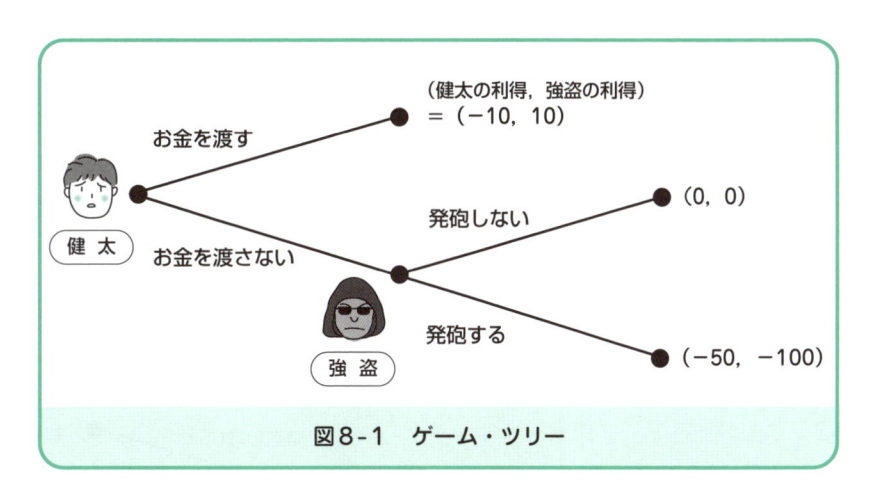

図8-1　ゲーム・ツリー

ゲーム・ツリーの見方を説明します。ゲーム・ツリーは、点と枝から構成されています。点は**ノード**や**手番**といい、点では、プレイヤーが意思決定します。ただし、最終の点は**終点**といい、終点では意思決定するのではなく、プレイヤーたちの行動の結果である利得を記載します。枝はプレイヤーの行動（選択）を表します。ゲームは、ツリーの左から右に進み、ひとつの終点にたどり着いて終了します。たとえば、健太がお金を渡すと、健太の利得は−10で強盗の利得は10という結果が実現します。健太がお金を渡さずに強盗が発砲しなかった場合は、健太の利得が0で強盗の利得が0という結果が実現し、発砲した場合は、健太の利得が−50で強盗の利得

行動と戦略は違う
ゲーム理論では「行動」と「戦略」という用語を区別する。行動とは、ある手番での選択のこと。一方、戦略とはゲーム開始前に、ゲームのあらゆる手番でどの行動を選択するのかを計画した行動計画のこと。同時手番ゲームでは、行動と戦略が一致するが、展開形ゲームでは行動と戦略が一致するわけではない。本章では複雑な説明とならないようにするため、行動を用いた記載としている。

が−100という結果が実現します。

　ゲームの定式化はこれで完了です。次に、このゲームで何が起こるのか、つまり、健太と強盗の行方を予測してみましょう。

3　後ろ向き推論

　第7章で、ゲーム理論や経済学では、プレイヤーは自己の利得を最大にするように合理的に行動すると説明しました。また、他の合理的なプレイヤーの行動をしっかりと推論する能力があると説明しました。相手の行動をしっかり推論できるのであれば、健太は強盗の行動をしっかりと「先読み」できるはずです。では、健太がお金を渡さなかった場合には、強盗はどのような行動をとるのかを先読みしてみましょう。なお、健太と強盗は上記に述べた好みの順序など互いの情報をすべて知っているとします。

（1）健太がお金を渡さなかった場合

　健太がお金を渡さなかった場合には、強盗はどのような行動をとるのでしょうか。ゲーム・ツリーのうち、健太がお金を渡さなかった後の部分だけを抜き出して考えてみます。抜き出したものが**図8-2**です。なお、図8-2のように、元のゲーム・ツリーの一部であり、それ自身も展開形ゲームとしてあらわされるものを、元のゲームの<u>部分ゲーム</u>といいます。では、**図8-2**を見てください。強盗が発砲しなければ、強盗の利得は0です。強盗が発砲すれば、強盗の利得は−100です。発砲するより発砲しない方が強盗の利得は高いので、強盗が合理的であるならば、発砲しないと予測できます。拳銃は単なる脅しだったのですね。

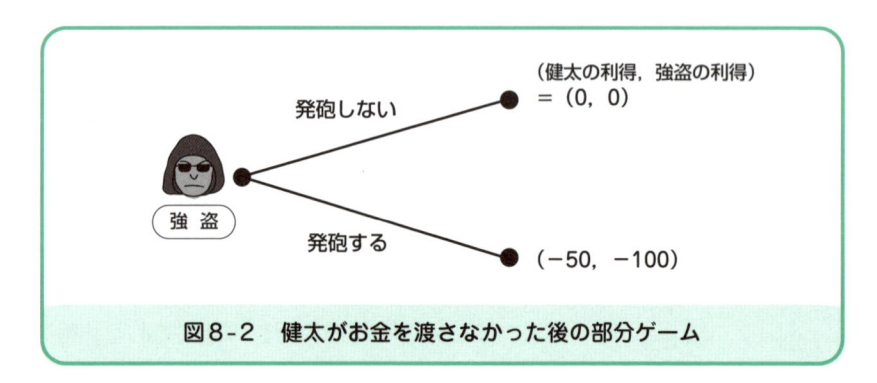

> 僕がお金を渡さなかったら強盗はどうする？

図8-2　健太がお金を渡さなかった後の部分ゲーム

（健太の利得，強盗の利得）
発砲しない → ＝（0，0）
発砲する → （−50，−100）

（2）結論

　健太は自分がお金を渡さなかった場合、強盗は発砲しないということを先読みできました。このことを踏まえて、健太はどうすればいいのでしょうか。健太がお金を渡した場合、健太の利得は−10です。健太がお金を渡

第8章●展開形ゲーム

> 強盗が発砲しないのなら、僕はどうすればいいの？

さなかった場合、強盗は発砲しないので、健太の利得は0です。そうすると、お金を渡すより渡さない方が健太の利得は高いので、健太はお金を渡さない方が合理的という結論になります。以上から、ゲーム理論を用いて考えると、健太はお金を渡さないが強盗は発砲せずに逃げていき、健太の利得が0、強盗の利得が0となることがわかりました。以上のことをまとめると図8-3の太線が書けます。

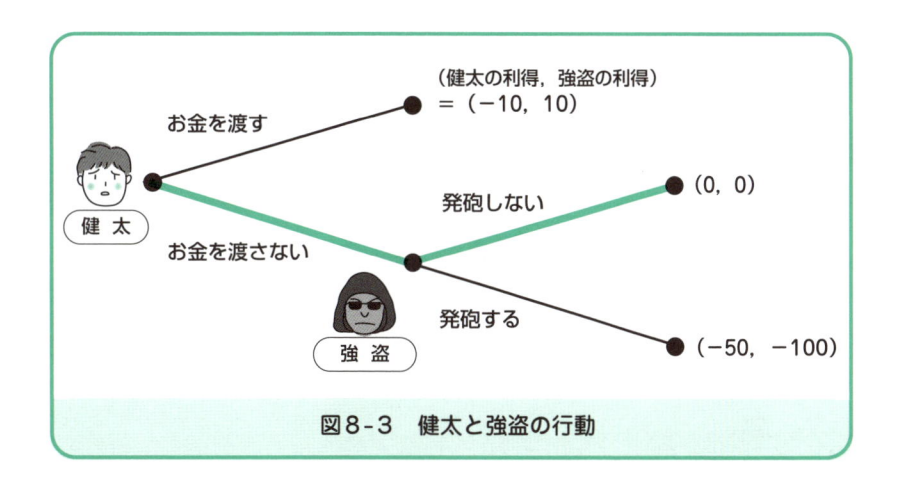

部分ゲーム完全均衡
第7章で、ゲームの解は均衡であると説明した。本章の強盗の脅しゲームの均衡は、部分ゲーム完全均衡というナッシュ均衡をさらに精緻化した均衡概念で考えることができる。今回説明した結果と同じことではあるが、正確な説明や定義などは本書のレベルを超えるため触れない。

図8-3　健太と強盗の行動

意思決定に順番があるゲームでは、相手の行動を「先読み」することが重要です。まずは、終点の直前のプレイヤーがどのような行動をとるかを考え、それを踏まえて、さらに1つ前のプレイヤーがどのような行動をとるかを考え……と続けていって、始点までさかのぼって考えることで、実現する結果がわかります。このように、終点から始点へ向けて推論するこ

column 石取りゲーム

交互に石を取り合って、最後の石を取ったら負けというゲームをご存じでしょうか。知らない方のためにルールを説明しましょう。25個の石を2人が順に取ります。一度に取ることができる石は、1個か2個か3個です。最後の1つを取った方が負けです。たとえば、Aさんが3つ取って、Bさんが1つ取ってという具合に続けていき、25個目の石を取った方が負けです。実はこのゲームには必勝法があります。相手に25個目の石を取らせるためには、自分は必ず24個目の石を取らなければなりません。つまり、このゲームは、24個目の石を取った方が必ず勝つゲームなのです。では、24個目の石を取るためにはどうすればいいのでしょうか。それには20個目の石を取ればいいのです。では20個目の石を取るためにはどうすればいいのでしょうか。もうおわかりですね。16個目を取ればいいのです。こうやってさかのぼっていくと、このゲームは4個目の石を取れば必ず勝てるのです。つまり、このゲームは、後手になって4個目の石を取ることが必勝法だということが後ろ向き推論からわかりました。さっそくお友達にためしてみてください。

とを**後ろ向き推論**とよびます。

　ゲーム理論からは、健太はお金を渡さないことが合理的な行動だとわかりましたが、実際には健太はどうしたのでしょうか。しばらくすると健太が泣きながら戻ってきました。あまりにも怖くて全財産を強盗に渡してしまったそうです。

> 合理的に考えれば、渡さなくてもよかったのに。

> ひとごとだから簡単に言うけど、あの状況でそんな冷静になれないよ!!

column　ゲーム理論と実験結果

　健太はゲーム理論に反してお金を払ったわけですが、現実に私たちがとる行動もゲーム理論通りとは限りません。例として、信頼ゲームとよばれているゲームを紹介します。プレイヤーは投資家と企業です。投資家は、自分のお金を企業にいくら投資するかを決定します。企業は、投資された場合はその資金を元手にプロジェクトを実行し、資金の2倍の利益をあげます。そして、その利益のうちいくらを投資家に返すか決定します。さて、上記のゲームを後ろ向き推論で考えるとどうなるでしょうか。企業が合理的であるならば、自分の利益をより多くしようとするため、投資家には1円も返金しません。そのことを先読みした投資家は、全く投資をしないという判断をするはずです。そうすると、この信頼ゲームでは投資家は全く投資することなく、何も起こらないという結論になります。お金を返してくれそうにない企業を信頼して投資できるかというゲームなので、信頼ゲームとよばれています。

　では実際に被験者を集めて、信頼ゲームを実験してみるとどのような結果になるのでしょうか。実験の設定にもよるのですが、ここではベルグらが1995年に発表した実験論文を紹介します。投資家は当初20ドルのお金を手元に持っており、そのうちいくら投資するのかを決定します。理論的には全く投資しないはずですが、実験では投資額の平均値は10ドルでした。理論と実験結果との乖離は実験の仕方に問題があるのかもしれません。または、利己性、合理性の仮定に問題があるのかもしれません。はたまた、文化、性、遺伝子、神経伝達物質、推論能力など、何が原因なのかは未だはっきりとはしていません。このような理論と実験結果の乖離は、実験研究の蓄積とともに数多く観察されています。この乖離を埋め、ゲーム理論をさらに進歩させるためにも、世界中の研究者たちは、日々研究を積み重ねています。

Berg JE, Dickhaut J, McCabe K (1995): Trust, reciprocity, and social history. *Games and Economics Behavior*, vol.10: 122–142.

第8章●展開形ゲーム

　合理的に考えればお金を渡さなくてよかったのですが、目の前に拳銃を突きつけられたら、健太の言うとおり冷静に考えることなんてできそうにありませんね。強盗だって冷静に判断できずに感情的になって発砲する可能性もありますから、お金を渡すことが正解だったのかもしれません。健太は翔からお金を借りて無事に旅行を続けることができたのですが、みなさんはくれぐれも危ない場所には近づかないようにしてください。

この章には「経済実験3 交渉実験」が付属します。詳しくは149頁を参照してください。

もっと知りたい人のために

コミットメント（責任をともなう約束）

　健太はお金を渡してしまいましたが、合理的な思考を重視する翔ならばゲーム理論通りにお金を渡さなかったかもしれません。では、翔が相手であった場合は、強盗はどのようにしてもお金を手に入れることができないのでしょうか。仮に強盗が「金を渡さなかった場合は必ず発砲する」と宣言したとします。この「必ず発砲する」という宣言内容が信用できるものであれば、翔はお金を渡さざるを得ません。このように、自らの行動を事前に宣言する方法で、強盗はお金を手に入れることができます。ゲーム理論では、自らの行動を表明し確実にその行動をとると約束することを**コミットメント**といいます。コミットメントは、先手をとって自らの行動を縛ることで、より多くの利得を勝ち取るという高度な交渉術です。コミットメントが大変有効な手段であることは、私たちの日常生活の中でもたくさんの例を見出すことができます。たとえば、政策の**アナウンスメント効果**とよばれるものがあります。政府や中央銀行は、家計や企業と戦略的環境にあるため、政府や中央銀行があえて事前に政策についてコミットし、家計や企業の行動を変化させることで経済環境をより望ましい方向にコントロールすることがあります。具体的には、日本政府が、「今の円は高すぎる。これ以上高くなれば、為替市場に介入する」とコミットすることで、投資家の行動を変化させ、いくぶんか円安になることがあります。ただし、コミットメントが効果を発揮するためには、その内容が信用されなければなりません。投資家から「他国との関係上、為替市場への介入は難しいだろう。そうであれば、為替介入は嘘ではないか。もしくは限定的ではないか」と疑われれば、為替政策のコミットメントは失敗に終わり、円安にはならないかもしれません。信頼されるコミットメントでなければ意味がないのです。

課題　参入阻止ゲーム

解答は 139 ページ

ゲーム理論は経済学らしくないと感じたかもしれない。そこで、ここでは経済学らしい課題を取り上げよう。ある国の航空業界について考えてほしい。

この国の航空業界では参入規制があるため、競争原理が働かずに航空料金が高くなっていた。それを問題視した政府は、新規に企業が参加できるように規制緩和をし、競争原理が働く環境を整えた。新規参入を待ち望んでいた企業は、ここぞとばかりに参入準備をはじめた。新規企業は、チェックイン荷物の有料化、機内サービスの中止など徹底的にコストを削減することで、既存企業の半額の格安航空券で勝負するとのこと。既存企業は今までは何の努力もせずにお客を独占していたが、新規企業が参入すればお客の奪い合いが始まる。場合によっては赤字が出るぐらいの過酷な競争が始まる。

あなたは既存企業の戦略部で経営戦略について分析する仕事をしており、部長から新規企業へ先手を打つべきか分析するように頼まれた。

戦略部長： 新規企業との競争についてのシミュレーション結果は出たか？

あなた： はい。4 つのパターンについてシミュレーションしました。1 つ目は、わが社がこのままの価格設定で新規企業が参入しなかったときです。このときは現在と状況が変わらないので、わが社の利益は 100 億円、新規企業は何もしてないので彼らの利益は 0 円です。

あなた： 2 つ目は、わが社がこのままの価格設定で新規企業が参入したときです。このときは客の奪い合いが起こり、わが社の利益は激減し 20 億円となります。なお、新規企業の利益も 20 億円です。

あなた： 3 つ目は、わが社が価格を半額にする低価格作戦を採用し、新規企業が参入しなかったときです。このときはわが社の利益は半分の 50 億円となります。なお、新規企業の利益は 0 円です。

あなた： 4 つ目は、わが社が価格を半額にする低価格作戦を採用し、新規企業が参入したときです。このときは猛烈な競争となり、わが社の利益は－10 億円となります。なお、新規企業の利益も－10 億円です。

戦略部長： 状況はわかった。それじゃあ結局、我々はどうすればいいんだ？

あなたは、この戦略的環境についてゲーム・ツリーを書いて、実現する結果を求め、部長に回答しなさい。なお、既存企業が先手で「価格維持」、「低価格」を選べるとし、新規企業が後手で、「参入する」、「参入しない」を選べるとする。また、新規企業も同様の情報をすべて知っているとする。

第9章 独占と寡占
なぜ高すぎる価格を付けるのか？

　健太たちは3年生になり、学生生活も後半戦がスタートしました。4人が所属するサークルには今年もたくさんの新入生が入ってきました。新入生歓迎のために恒例のお花見をすることになり、場所取りを任された由紀と健太は、絶好の花見スポットを確保しました。ほっとしておなかが空いた2人は、なにか食べ物を売っているお店がないかとあたりを見渡しました。近くにはコンビニも食堂もなく、花見客向けのたこやき屋が1つあるだけです。

　「ぼったくり」は暴利から派生した言葉で、商品やサービスに高い価格を設定することです。あなたは、「それはぼったくりだろ！」と感じた経験はありませんか？

学習のポイント
- 独占企業はどのように行動するのかを理解する。
- 寡占企業はどのように行動するのかを理解する。
- 独占市場と寡占市場と完全競争市場の違いを理解する。

1　独占市場

　第3章で、ある財を供給する企業が1社しかない市場を独占市場、少数しかない市場を寡占市場と説明しました。独占市場と寡占市場での企業行動は、これまでに学習した完全競争市場における企業行動とは異なります。本章では、独占市場と寡占市場とはどのような市場なのかを説明し、それぞれの市場において企業がどのように行動するのかを説明します。これらの企業行動を経済学的に理解すると、前頁のたこやきの価格が高い理由が見えてきます。

（1）独占企業の特徴

　ある財を供給する企業が1社しかない場合、その企業を独占企業とよびます。真の意味での独占企業はなかなか見つけることができないのですが、たとえば、小売自由化される以前の日本の電力会社やガス会社はその地域における独占企業だと言えるでしょう。また、パソコンの基本ソフトとなるOS産業においてWindowsを販売するマイクロソフト社は独占企業に近い存在といえます。独占企業の特徴は、プライス・メイカーであるため供給量を増減させることで取引価格をコントロールできることです。

　実際に、供給量を減らして価格をつり上げた事例はいくつもあります。企業ではありませんが、石油産出国によって作られた石油輸出国機構（OPEC）は、OPEC以外の国が十分な石油を供給できないため、これまでに幾度か石油の供給量を制限することで価格を引き上げ、石油産出国の利益を確保することがありました。

　この事例からもわかるように、独占企業は取引価格を好きなように決められるわけですが、いくらでもいいわけではありません。やはり、いくらにするのかには何らかの根拠があります。もしあなたが独占企業の社長なら、どのように考えて取引価格を決定しますか。

（2）独占企業は価格をいくらに設定するのか

　独占企業の価格決定を考える前に、まず企業の目的について整理しましょう。経営学に「マネジメント」という概念を導入したピーター・ドラッカーは、「企業の目的とは顧客の創造である」と言っています。企業の目的としては他にも、株主利益を増やすこと、社会や地域への貢献、従業員の幸福を増やすこと、などいろいろ考えられると思いますが、経済学では、企業はより多くの利潤を獲得することを目的に行動すると考えます。これを利潤最大化行動とよびます。経済学では利潤を次の式（利潤式）で表します。

電力は2016年、ガスは2017年に小売の自由化が実施され、企業が新たに参入したため、既存の電力・ガス会社の独占的立場は解消されるかも。

カルテル
カルテルとは、企業などが共謀して生産物の供給量の制限や販売価格をつり上げる協定もしくは組織のこと。企業間で協調行動することで競争を抑制し、社会的な利益（効率性）を侵害するため、日本では法律で禁止されている。OPECもカルテルの一例。

ピーター・ドラッカー
1909〜2005
オーストリア生まれのアメリカの経営学者。現代経営理論のコンセプトやスキルの発展に貢献した。

> 総費用、平均費用については第4章36頁や40頁「もっと知りたい人のために」も参考にしてください。

利潤＝収入－総費用

また、収入と総費用は、次の式で表します。

収入＝価格×取引量
総費用＝平均費用×取引量

これらを最初の式に代入してみましょう。

利潤＝（価格×取引量）－（平均費用×取引量）
　　＝（価格－平均費用）×取引量

以上の式から、「価格を上げる → 収入が増える → 利潤が増える」という関係が見てとれます。そうすると、独占企業は高い価格をつけるほど、たくさんの利潤を得られるという結論になりそうです。ところが実際には、そんなにうまい話はありません。OPECの例では、供給量を制限することで価格を上げていたことを思い出してください。供給量を制限するとは、市場に出回る量を減らすことですから、取引量の減少を意味します。つまり、価格を上げたとしても取引される量が減っているため、利潤は減ってしまうかもしれません。

> 価格と量の関係がわからない人は第3章の需要と供給を復習しましょう。

結局のところ、独占企業は、みずからの利潤を最大にする価格を達成するために、ほどよく供給量を制限します。以下では簡単な設定を用いて独占企業の利潤最大化行動について説明します。

column　最も成功した独占企業　デビアス社

「ダイヤモンドは永遠の輝き」というコマーシャル・フレーズを聞いたことがありますか？　これは、ダイヤモンド会社であるデビアス社のコマーシャル・フレーズです。著者が子供の頃は、テレビCMがよく流れていました。このコマーシャルは成功したコマーシャルの1つといわれており、ダイヤモンドは貴重で高価な宝石であり、他の宝石で代替することのできない特別な存在という地位を確立しました。デビアス社は1888年に創業し、ダイヤモンド鉱山、流通、加工、卸売を次々と統合、買収することで、ダイヤモンドの供給量を完全に支配し、独占企業となりました。ダイヤモンドはそれほど希少な鉱物ではないそうなのですが、デビアス社は供給量の制限を行うことで、販売価格をコントロールしたのです。コマーシャル戦略によって、ダイヤモンドとよく似た代替財がないことを印象付けることでダイヤモンド市場をきっちりと確立し、さらに供給量を制限することで販売価格をつり上げ利潤を得てきたのです。このような経営戦略を背景に大成功を収めたデビアス社は、最も成功した独占企業とよばれることがあります。

> ガソリンスタンドが1つしかない地域があります。この地域の住民は、この店でしかガソリンを購入することができないとします。ガソリンスタンドAの1日当たりの取引量（＝地域住民の需要量）は、「Aの取引量（＝需要量）＝230－価格」で決まるとします（需要曲線）。また、ガソリンスタンドAは、1リットルあたり50円でいくらでも仕入れることが可能です（つまり、限界費用は50円で一定）。さて、ガソリンスタンドAが利潤を最大にするためには、いくら仕入れて取引すればいいのでしょうか？

取引量が90リットルのケースを例にして、利潤の計算方法を説明します。ここでは取引量は90リットルであるため、価格と平均費用を求めることができれば利潤を計算することができます。

まず価格から考えます。価格は需要曲線に取引量（90リットル）を代入すると140円とわかります。次に平均費用を考えます。平均費用は、1単位あたりの費用です。ここでは、ガソリンはいくら買っても1リットル当たり50円であるため、平均費用は50円になります。以上で、価格が140円、取引量が90リットル、平均費用が50円とわかったので、利潤の計算ができます。利潤は、収入（140円×90リットル）－総費用（50円×90リットル）＝8,100円となります。このようにして、取引量が90リットルの場合のガソリンスタンドAの利潤を求めることができました。さらに、90リットル以外の取引量のときも同様の計算をすると**表9-1**を作成することができます。

表9-1　ガソリンスタンドAの取引量と価格と利潤の関係

取引量（リットル）	0	10	…	80	90	100	…	220	230
価格（円）	230	220	…	150	140	130	…	10	0
Aの利潤（円）	0	1,700	…	8,000	8,100	8,000	…	－8,800	－11,500

ここで問題です。ガソリンスタンドAが利潤最大化行動をとるのなら、そのときの取引量と価格はいくらになるでしょうか。**表9-1**から見つけてください。

もうおわかりですね。ガソリンスタンドAの利潤が最も多いときは8,100円で、そのときに販売されるガソリンの量は90リットルで、価格は140円です。

この例からわかるように、独占企業の利潤を最大にする価格は高すぎても低すぎてもだめです。プライス・メイカーである独占企業は、ほどよく

> 利潤が最大になる場合を表中に出てくるように設定しているため、表に出てくる数値以外の数値（たとえば95リットル）は考える必要はありません。

供給量を制限して利潤が最大になるように価格を設定します。

（3）独占企業は価格をつり上げる

ここまでの話だけでは、独占企業が不当に高い価格につり上げているのかどうか、まだ見えてきません。そこで比較の対象として、完全競争市場での市場均衡を考えてみましょう。第4章で説明したように、完全競争市場は市場均衡において総余剰が最大化されています。つまり、社会全体の利益を最大にする最も望ましい状態である完全競争市場の市場均衡と比較すれば、独占市場の特徴が見えてきます。

上記のガソリンスタンドの設定を完全競争市場に置き換えるために、企業は無数にあり、各企業はプライス・テイカーであるとします。第4章で、供給曲線は限界費用を表していると説明しました。上記のガソリンスタンドの設定では、限界費用は50円で一定でした。よって、これが供給曲線となります。図9-1を見てください。供給曲線は、縦軸である価格が50の箇所で水平な線になります。また、需要曲線は「Aの取引量＝230－価格」としていましたが、企業は無数にあるので、「市場全体の取引量＝230－価格」とします。

では、完全競争市場での市場均衡を求めましょう。市場均衡を求めるときは、需要曲線と供給曲線の連立方程式を解くことで求めることができます。これを解くと、市場均衡での価格は50円、取引量は180リットルになります。以上をまとめると図9-1になります。

> **独占企業は供給曲線を持たない**
> 供給曲線は、ある価格のときにどのくらい供給するかを示すものなので、価格に影響を受けるプライス・テイカーであれば意味をもつが、独占企業のように供給量や価格を好きに決定できるプライス・メイカーにとっては意味がない。独占企業は価格を与えられたとみなさないので、価格ごとの生産量を考える供給曲線をもたない。

> **自然独占**
> 独占が起こる理由の1つに自然独占という考え方がある。ガス会社のような巨額の設備投資が必要な産業では、生産量が多い企業の方が少ない企業よりも生産費用が安くなる傾向がある。生産費用が安いため安く販売することができ、その結果、他の企業を駆逐して自然と独占が起こる。

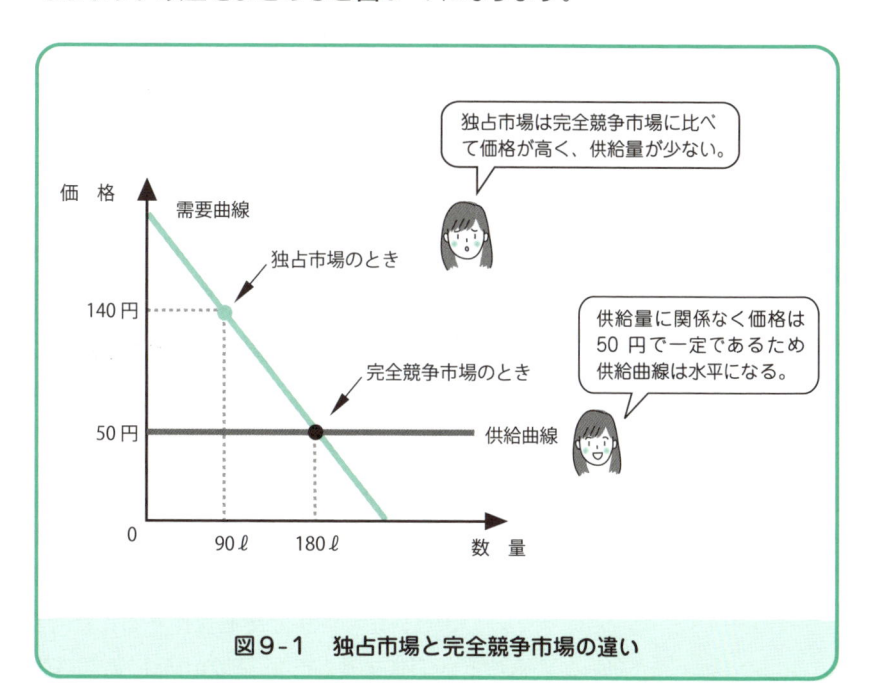

図9-1　独占市場と完全競争市場の違い

（吹き出し）独占市場は完全競争市場に比べて価格が高く、供給量が少ない。

（吹き出し）供給量に関係なく価格は50円で一定であるため供給曲線は水平になる。

独占禁止法
独占を取り締まる公正取引委員会の発表資料によると、平成28年度には価格カルテルは1件、入札談合は5件が独占禁止法の違反事件として法的措置を受けている。

独占市場が完全競争市場に比べて高い価格になることがわかっていただけたでしょうか。さらに、独占市場の場合は、完全競争市場よりも財の供給量が少ないことに注意してください。供給量が減少（取引量が減少）した結果、独占市場の総余剰は完全競争市場の総余剰よりも減少するため、独占は望ましくない状態です。

独占企業が高い価格をつけてしまうことや過小な供給しかしないことは、消費者にとっては大変迷惑な話です。そのため、政府は、市場に独占が起こらないように、また独占であったとしても価格を高くつり上げないようにとさまざまな施策を行っています。

特許と著作権
政府は独占禁止法で市場を取り締まる一方、特許権や著作権などの知的財産権の保護のために独占を認めている。これらは独占禁止法第21条において適用除外されている。政府が独占を認める理由は、独占によって得られる企業の利益が技術や製品の開発を促すことで、社会の利益につながると考えることによる。

たとえば、マーケット・シェアが大きい企業が談合し、互いに示し合わせて供給量を制限することで価格をつり上げることがありますが、このような行為は独占禁止法によって禁止されています。また、ガスや電気のような国民生活に直結する産業では、政府により何らかの価格規制を受けることもあります。さらに、独占企業を分割して、競争環境を整える方法もあります。世界的に進められている電力の自由化では、電力会社を発電部門と送電部門に分割し、さらに発電部門を複数の企業に分割します。そして、発電部門にさらなる企業参入を促すことで、より競争的な環境を作り出し、社会的に望ましい供給量や適切な価格を確保しようとしています。

2　寡占市場

ある財を供給する企業が少数しか存在しない市場を寡占市場といいます。

現実の市場において、寡占市場は比較的多くみられます。なじみがあるのは、携帯電話サービス市場、家庭用ゲーム機市場、自動車市場、ビール市場などでしょうか。寡占市場に存在する企業を**寡占企業**といいます。寡占企業の特徴は、価格支配力を持つのですが、他のライバル企業の動向に影響を受ける・与える環境であるため、独占企業のように好きに価格をコントロールすることができないことです。そのため、寡占企業は他のライバル企業の行動を予測し、その上で自社の行動を決定します。

（1）クールノー競争

たとえば、自動車産業を考えてみましょう。自動車産業のような大規模な生産設備を要する産業では、工場などの生産設備を整えるために何年もかかるため、どれくらいの量を生産するのかを事前に計画する必要があります。つまり、企業は生産量を操作することで自らの利潤を計算すると考えることができます。では、どのように適切な生産量を決めるのかという

と、ライバル企業の生産量を考慮に入れたうえで、自社の生産量を決めます。なぜなら、ライバル企業の生産量を無視して好き勝手に生産した場合、市場全体に自動車を供給しすぎて売れ残り、値崩れを引き起こした結果、とんでもない赤字になるかもしれないからです。このような意味合いで、各企業はライバル企業の生産量を予測し、それを前提として、自社の利益が最も多くなるように生産量を決定すると考えることができます。

この例のように、寡占市場において競争する際に、生産量を操作すると考える寡占モデルを**数量競争モデル**といいます。この数量競争という企業行動原理は、フランスの経済学者・数学者であるクールノーが定式化したので**クールノー競争**ともいいます。ゲーム理論を用いてクールノー競争の解を求めることができます。この解を、**クールノー＝ナッシュ均衡**といいます。クールノー競争では独占市場に比べて価格は低く、供給量は多くなります。独占市場からたった1社増えただけで、市場はがらりと変わるのです。

(2) ベルトラン競争

では大規模な生産設備を必要としない産業ではどうでしょうか。この場合、価格で競争することがあります。家電量販店のビックカメラが商品を販売するとき、ヤマダ電機の販売価格を無視して価格を決めることはできるでしょうか。ライバル企業の価格を無視して高い価格を設定すると需要が奪われます。また逆に安すぎると利潤がでません。各企業はライバル企業の価格を予測し、それを前提として、自社の利潤が最も多くなるように価格を決定すると考えることができます。この例のように、互いに競争する際に、価格を操作すると考える寡占モデルを**価格競争モデル**といいます。この価格競争という企業行動原理は、フランスの経済学者・数学者であるベルトランが定式化したので**ベルトラン競争**ともいいます。

ベルトラン競争のときに何が起こるのかを考えてみましょう。どの企業が販売している財も同質だとします。それゆえに、ライバルの企業より1円でも高い場合は、ライバルに需要をすべて奪われるとします。そのため、各企業は何とかしてライバルよりも価格を下げて、自分が需要を独占して利潤を得ようとするでしょう。ライバルも同様のことを考えるので、価格はどんどん下がっていきます。では、どこまで下がるのでしょうか。追加的に1単位販売するときに、価格が限界費用を下回ると損をします。そのため、価格の下限は限界費用だということがわかります。つまり、自社もライバルも限界費用まで価格を下げることになります。これが、ベルトラン競争における企業行動の解です。この解を**ベルトラン均衡**もしくは

ベルトラン＝ナッシュ均衡とよびます。寡占市場ではあっても、企業が数量を操作して競争するとき（クールノー競争）と価格を操作して競争するとき（ベルトラン競争）では、市場での均衡価格や均衡取引量はまったく異なる結果になります。

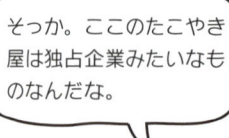

> そっか。ここのたこやき屋は独占企業みたいなものなんだな。

> 僕もクレープとやきそばを本職にして独占企業を目指そうかな。

> それ、いいかも。健太の作ったクレープとやきそば、おいしかったもん。

もっと知りたい人のために

寡占市場のバリエーション

　本章ではクールノー競争とベルトラン競争について単純な設定で説明しました。これらのモデルは多くのバリエーションを考えることができます。たとえば、販売される財はどの企業も同質であると仮定しましたが、財は差別化されていると仮定して分析することも可能です。私たちの日常を考えると、財は多少なりとも差別化されていることが一般的です。たとえば、経済学の教科書を考えてみてください。本書と他の出版物がまったく同じ内容ということはありえません。財の質が大きく差別化されていれば、本章で述べたベルトラン競争のように価格の安い企業がすべての需要を奪うこともないでしょう。

　また、クールノー競争もベルトラン競争も同時手番ゲームを考えていましたが、実際は、その市場をリードする企業がいて、そのリーダー的企業が意思決定をして、残りの企業はリーダーの行動を見た上で意思決定する、というような逐次手番ゲームの寡占市場もあるでしょう。この寡占モデルは、**シュタッケルベルグ競争**といいます。

第9章 ●独占と寡占

健太に1つアドバイスをしてあげましょう。最初は独占でも、1つでも企業が参入すれば競争が始まります。また、第8章の課題でも説明したとおり、潜在的参入企業がいるだけでも企業行動は変わるため、独占的に振る舞うことは非常にむずかしいです。独占市場、寡占市場、完全競争市場、それぞれで企業の行動も市場の状態もまったく異なることがわかっていただけたでしょうか。

> この章には「経済実験4 クールノー競争実験」が付属します。詳しくは151頁を参照してください。

課題 ガソリンを購入する

解答は140ページ

この地域には、ガソリンスタンドが1つしかない。この地域に住んでいる住民は、このガソリンスタンドでしかガソリンを購入することができないとする。ガソリンスタンドAの1日当たりの取引量（＝地域住民の需要量）を d_a リットルとし、取引量は、需要曲線 $d_a = 80 - p$ で決まるとする（価格：p 円）。また、ガソリンスタンドAは、1リットルあたり20円でいくらでも仕入れることが可能であるとする（つまり、限界費用は20円で一定）。

1. 以下の表の空欄に適切な価格と利潤を記入しなさい。

ガソリンスタンドAの取引量と価格と利潤の関係

取引量（リットル）	10	20	30	40	50	60	70	80
販売価格（円）		60		40	30		10	0
Aの利潤（円）		800		800	500		−700	−1,600

2. 上の表から、ガソリンスタンドAの利潤がもっとも多くなるときの価格はいくらになるか求めなさい。また、そのときに市場に供給されるガソリンの量はいくらになるか求めなさい。

3. 本課題と同様の設定のもとで、企業が1社ではなく無数にいる完全競争市場を考える。完全競争市場での市場均衡における取引量と価格はいくらになるか求めなさい。なお、市場全体の需要を d として、需要曲線を $d = 80 - p$ としなさい。

第10章 公共財と外部性
街灯を設置するお金は集まるのか？

翔と麻里子は同じ町に住んでいます。駅から麻里子のアパートまではそんなに遠くないのですが、商店もなく人通りもまばらなので、麻里子は夜になると真っ暗な道を通って帰らなければいけません。帰り道が怖いのでバイトをやめたいのですが、生活費が足りなくなりそうです。麻里子に相談された翔は街灯を増やしてくれるように市役所に頼みに行きましたが、予算の都合などですぐには無理だという返事でした。

> 翔：いっそのこと、町内の人たちでお金を出し合って、街灯を設置したらどうなのかな。街灯があるとみんな助かるんだから、お金が集まるんじゃないかな？

> 麻里子：そしたら私も街灯の設置費用を負担しないとあかんのやろ？　ただでさえお金がないのに困るわ。誰かお金を出して設置してくれたらええのに。

第4章で、自由な取引は市場全体での取引利益を最大にすることを余剰概念から説明しました。しかし場合によっては、社会にとって望ましい状態が実現しないこともあります。本章では、市場がうまく機能しない例として公共財と外部性について取り上げ、政府の役割についても説明します。

学習のポイント
- 公共財とは何かを学ぶ。
- フリーライダー問題を理解する。
- 外部性と政府の役割の関係を理解する。

第10章●公共財と外部性

1　公共財

経済学では、**消費の競合性**と**排除可能性**という2つの性質の組合せによって、財を分類します。

消費の競合性とは、ある人が消費した財を他の人は消費できないという性質です。たとえば、おにぎりは誰かが食べれば他の人は食べられません。つまりおにぎりには消費の競合性があります。他方、車が混んでいない道路は、ある人が利用をしているときに、他の人も同時に使うことができるので、消費の競合性がありません。

排除可能性とは、お金を支払わない人が財を消費することを防げるという性質です。たとえば、ケーキはお金を支払った人だけに販売できるので排除可能性があります。しかし、港に設置されている灯台は、その設置費用を負担していない船が運航するときだけ光を消すことは難しいので、排除可能性がありません。経済学では消費の競合性と排除可能性をもつ財を**私的財**といいます。それに対して消費の競合性も排除可能性ももたない財を**公共財**といいます。消費の競合性をもたないことを**消費の非競合性**、排除可能性をもたないことを**排除不可能性**ともよびます。

純粋公共財と準公共財
消費の競合性も排除可能性ももたない財を純粋公共財とよぶこともある。本章では純粋公共財のことを簡単に公共財とよぶ。また、部分的に消費の競合性や排除可能性を有する財を準公共財とよぶ。

2　フリーライダー問題

第4章では市場取引によって総余剰が最大化されることを説明しました。つまり、自由な取引は社会にとっても望ましいということです。しかし公共財については、みんなが自分の利益だけを考えて行動すると社会にとって悪い結果につながります。その理由を考えてみましょう。

公共財の例として街灯を用いて説明をします。ここでは話をわかりやすくするために翔と麻里子だけが町に住んでいるとします。街灯は2人の帰り道に設置するのでどちらも街灯から便益を得られるとします。新たに街

column　政府の失敗と公共選択論

政府が市場に介入することで弊害が生まれることを政府の失敗といいます。たとえば新規参入者を制限する参入規制が挙げられます。公共選択論は政治過程を経済学の視点から分析する学問分野です。政治家や政党などが利己的な行動をとることで利益誘導型の政治が行われることなどを明らかにしています。もし政府が社会全体のことを考えていると想定しても、政策を実施するために必要な情報を集めたり、公務員が高い成果を出すための人事制度を導入したりすることがむずかしいときには、政府は悪い状態をつくり出してしまうことがあります。

表 10-1　街灯の設置から得られる限界便益

	街灯1台目の限界便益	街灯2台目の限界便益	街灯3台目の限界便益
麻里子	9万円	6万円	3万円
翔	8万円	5万円	2万円
社会全体	17万円	11万円	5万円

灯を設置する費用（＝街灯の限界費用）は10万円だとします。

表10-1は麻里子と翔が街灯設置から得られる限界便益をまとめたものです。この表から、翔は麻里子よりも限界便益が小さいことがわかります。これは、翔はひったくりなどにあう可能性が低いからです。社会的限界便益は社会全体が得る限界便益です。街灯は2人で同時に利用できるので、社会的限界便益は麻里子と翔の限界便益の合計になります。

図10-1は社会的限界便益と限界費用を図にしたものです。社会全体にとって望ましいのは、社会的限界便益が街灯設置のための限界費用を上回るところまで、街灯を設置することです。街灯の限界費用は10万円なので、街灯を2台設置することが望ましいとわかります。街灯1台目では7万円（＝17万円－10万円）、2台目では1万円（＝11万円－10万円）だけ社会的限界便益が上回っているので、合計では8万円の利益が生まれています。ここでは単純化のため、麻里子と翔だけを考えましたが、3人以上いるときでも同じように考えることができます。

しかし、実際に街灯を設置しようとすると、社会全体にとって望ましい街灯の設置は実現しません。その理由はフリーライダー問題が生じるからです。フリーライダーとはお金を支払わずに便益だけを得ようとする人のことです。もし麻里子が街灯を設置すれば、街灯は排除可能性を持たないので、翔はただで利用できます。そのため翔はお金を出そうとしません。

column　財政の3機能

現代の財政学を築いたリチャード・マスグレイブ（1910〜2007）は財政の機能は3つあると述べました。1つ目は市場の失敗が起きたときに市場を是正するという役割です。これを資源配分機能とよびます。2つ目は所得再分配機能です。これは労働市場や資本市場で決まる所得分配が公平ではないと社会が判断するときに、税などにより所得を再分配する機能のことです。3つ目は経済安定化機能です。マクロ経済は好況と不況を繰り返しながら循環しています。好況や不況の波が大きいと経済が混乱をします。そのため政府は支出額などを変化させることでマクロ経済を安定化させる役割を担っています。

麻里子の街灯1台目の限界便益は9万円ですが、街灯を設置する費用は10万円なので、自分だけお金を出すならば麻里子も街灯を設置しようとは思いません。結果として街灯が1台も設置されなくなってしまいます。経済学では、市場取引によって社会にとって望ましい資源配分を実現できないことを**市場の失敗**といいます。公共財が存在する市場は市場の失敗が生じる代表的な事例です。

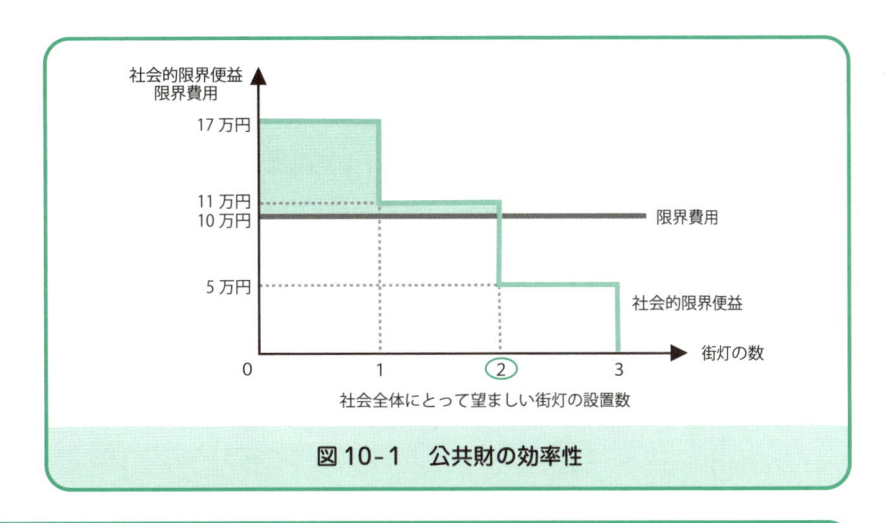

図10-1　公共財の効率性

3　外部性

市場の失敗は公共財以外の原因でも発生します。その1つが**外部性**です。外部性とは、ある経済主体が他の経済主体に対して、市場を通さずに影響を与えることです。つまり、何か影響を与えているのに、それに対する金銭のやりとりが行われていない状況です。費用を負担させることを**負の外部性**、便益を与えることを**正の外部性**といいます。たとえば、企業が川に汚染物質を流すことで下流に住んでいる人たちが困っているならば、負の外部性が生じています。このような公害は負の外部性の代表的な例です。それに対して、養蜂場のハチが果物の受粉を手助けすることで、近隣の農家の果物がよく実るならば、正の外部性が生じています。

負の外部性は市場に対して、具体的にどのような影響を及ぼすのでしょうか。ある企業が大気を汚染する煙を排出しているとします。この企業の生産量が1単位増えるごとに、3万円の損害が社会に発生しているとします。つまり、煙の限界費用は3万円です。**図10-2**は、大気汚染により負の外部性が生じている地域の市場を表しています。**私的限界費用**とは、企業が追加的に1単位生産したときに必要となる費用です。他方、**社会的限界費用**は私的限界費用に煙の限界費用（＝3万円）を加えたものです。も

し市場だけに委ねれば、私的限界費用と需要曲線が交わる点で取引されます。第4章で学んだように、私的限界費用は供給曲線と考えることもできるからです。しかし社会にとって望ましいのは、負の外部性を考慮した社会的限界費用が需要曲線と等しい点です。両者を比べると市場取引では、財が過剰に生産されることがわかります。

この過剰生産はどのような方法で解決すればよいでしょうか。実は、政府が企業に税を課して生産させると、市場の失敗が解消されます。このような負の外部性を解決するための税は、提唱者のアーサー・ピグーの名をとって**ピグー税**とよばれます。過剰な生産が行われるのは、企業が汚染による費用を考慮していないからです。よって、企業に税という形で費用を認識させることで、過剰な生産をなくすことができます。**図10-2**は生産量1単位当たり3万円を企業に課すことで負の外部性を解決したことを表しています。

正の外部性のときには財の生産量が社会的に望ましい水準よりも過少になります。たとえば発明の成果を他の企業がすぐに使えるならば、発明す

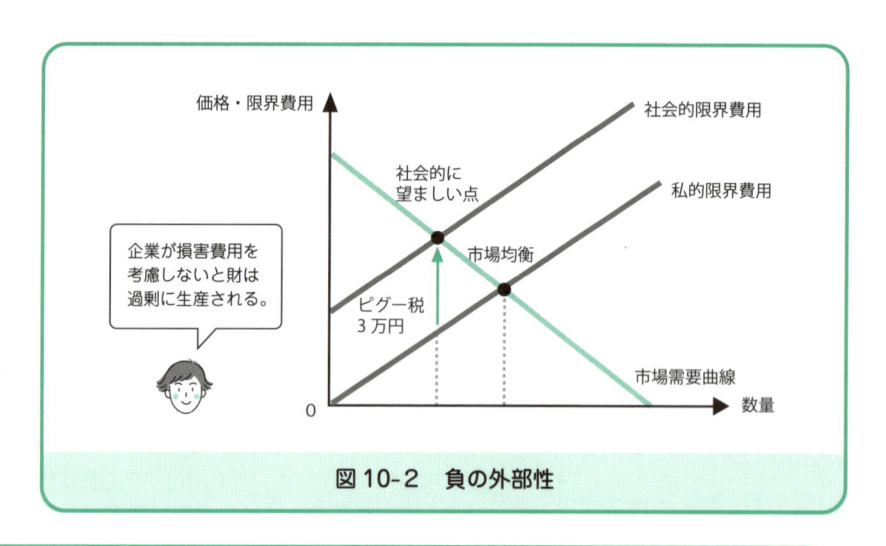

アーサー・ピグー
1877〜1959
イギリスの経済学者。厚生経済学の分野の確立や発展に寄与した。彼の研究はマクロ経済学など多くの分野に影響を与えた。代表的な著書に『厚生経済学』などがある。

図10-2　負の外部性

もっと知りたい人のために

コースの定理

本文では政府が市場の失敗を是正することが必要だと説明しましたが、実は政府が市場に介入をしなくても市場の失敗を解決する方法もあります。1991年にノーベル経済学賞を受賞したロナルド・コース（1910〜）は当事者間の交渉により市場の失敗が解決されることを発見しました。これを**コースの定理**といいます。ただしコースの定理が成り立つには「交渉に費用がかからない」という条件が必要です。たとえば高い給料の弁護士を雇う必要があれば、コースの定理は成立しないことになります。

第10章 ● 公共財と外部性

> 第9章で出てきた特許や著作権も正の外部性を解消する方法の1つです。

る意欲がなくなり、発明品が生まれにくくなります。このときは発明した個人や企業に補助金を与えることで、正の外部性をなくすことができます。正の外部性を解決するための補助金は**ピグー補助金**とよばれます。

> 街灯よりも安くて効果的な解決方法思いついたんよ。ほら、自転車買ってん。

> なるほど。頭がいいね。これからはサークルの帰りでも、ぼくが家まで送っていく必要がなくなったね。
> ガーン

麻里子はほめられて喜んだのもつかのま、翔に送ってもらえなくなるという思わぬ損失に気がつきました。まだ翔への恋心を捨て切れていない麻里子は、翔に送ってもらえる方法をあれこれ考え始めました。由紀との友情も大切ですので悩ましいですね。

> この章には「経済実験5 投資実験」が付属します。詳しくは153頁を参照してください。

課題　外部性と公共財

解答は153ページ

1. ①〜④は正の外部性、負の外部性のどちらが生じている例なのか答えなさい。
   ① ある家の庭にきれいな花が咲いていて、道を通る人をよい気分にする。
   ② たばこを吸う人がいるので周りが迷惑する。
   ③ ある会社が商品をつくるときに大きな音を出すので、周りの住民が迷惑している。
   ④ ある商店街に人気ブランド店が進出し、その客が商店街の他の店にも来るようになる。

2. ある町に翔と麻里子だけが住んでいるとする。2人の家は向かい合っており、家の前には大きな花壇がある。下表は花壇の手入れにより翔と麻里子が得る限界便益をまとめたものである。もし業者に花壇の手入れを依頼すると1回ごとに1万円かかるとする。このとき社会全体にとって望ましい花壇の手入れの回数を答えなさい。

表　花壇の手入れから得られる翔と麻里子の限界便益

	1回目の限界便益	2回目の限界便益	3回目の限界便益
麻里子	11,000円	7,000円	3,000円
翔	8,000円	5,000円	2,000円

第11章 情報の役割
知らないとだまされる？

　由紀は運転免許を取得して車を買い、ドライブ旅行に出かける計画を立てています。車に詳しい翔に付き合ってもらって中古車の下見にやってきました。

由紀：お金がないから中古車で十分よね。翔はどの車がいいと思う？

翔：そうだなぁ。事故を起こした車は故障が出やすいっていうからやめたほうがいいよ。でも、どうやって見分ければいいのか、よくわからないな。

　日本の中古車市場では、修復歴を開示する義務があるのですが、事故歴の開示は義務ではなく任意だそうです。任意であれば、売り手は自分に不利な情報を提供してくれないかもしれません。事故といってもレベルはまちまちですが、購入者の心情としては事故を起こした車には乗りたくないものです。この中古車市場の例のように、世の中では多くの場合、ある種の人々が他の人々よりも多くの情報をもっています。そして、情報の違いが、人々の選択や市場取引にも影響を与えることがあります。本章では、売り手と買い手の持つ情報が不均一の場合に市場でどのようなことが起こるのかを考えます。

学習のポイント
- 情報の非対称性とは何かを理解する。
- 逆選択とモラルハザードを理解する。
- 情報の非対称性がある市場では何が起こるのかを理解する。

第11章 ● 情報の役割

1　期待値とは

　中古車市場の分析をする前に、**期待値**という考え方を次の例を用いて説明します。

> 次のAとBの2つのコイン投げゲームのうちどちらに参加したいですか？
> Aのゲーム：コインを投げて表が出ても裏が出ても1,000円もらえる。
> Bのゲーム：コインを投げて表が出たら5,000円もらえて、裏が出たらもらえない。

> 宝くじの期待値を計算することもできます。インターネットで調べてみてください。

　もしあなたがBを選んだのなら、次のように考えたのではないでしょうか。「Aは表も裏も関係なく必ず1,000円がもらえるな。Bだとどっちになるかはわからないけど、$\frac{1}{2}$の確率で5,000円もらえて$\frac{1}{2}$の確率で0円だから、$\frac{1}{2}×5,000$円$+\frac{1}{2}×0$円$=2,500$円ぐらいだと期待してもよさそうだ。ならば、AよりBを選ぶ方がよさそうだ」。これが期待値の考え方です。期待値とは、結果とその結果が起こり得る確率を掛け合わせて、それを合計したものです。この例であれば、Aのゲームに参加したときの期待値は$\frac{1}{2}×1,000$円$+\frac{1}{2}×1,000$円$=1,000$円となり、Bのゲームに参加したときの期待値は$\frac{1}{2}×5,000$円$+\frac{1}{2}×0$円$=2,500$円となります。このあと、中古車市場の説明の中で期待値が登場しますので、このことを理解してから読み進めてください。

リスク
何がどれくらいの確率で起こるかわかっているが、実際どれが起こるのかはわからない不確実性のこと。コイン投げゲームはリスクがある状態。

2　逆選択

　実は、これまでに説明してきた市場分析では、すべての市場参加者は取引に必要な情報を同じだけ持っていると仮定していました。しかしながら、中古車市場の例のように、市場参加者の持っている情報にへだたりがあることがよくあります。経済学では、人々が保有する情報に差がある状況を、**情報の非対称性**とよびます。アメリカの経済学者であるジョージ・アカロフは、中古車市場で購入した中古車は故障しやすいといわれる現象を情報の非対称性を用いて説明しました。情報の非対称性がある市場ではどのようなことが起こるのかを、以下のレモン市場を例に考えてみます。レモンとは、アメリカの中古車市場での俗語で「欠陥車」を意味します。

ジョージ・アカロフ
1940〜
アメリカの経済学者。レモン市場に関する研究など、情報の非対称性に関する研究で2001年ノーベル賞を受賞。

（1）レモン市場

　以下では、論点を絞るために単純化した中古車市場を考えます。市場には10人の売り手と10人の買い手がいるとします。ここでは、5人の売り手は正常な中古車（正常車とよびます）を保有し、5人の売り手は欠陥のある中古車（欠陥車とよびます）を保有しているとします。売り手は、自

分の車が正常であるのか欠陥があるのかをわかっていますが、買い手はわからないとします。つまり、中古車の品質情報について情報の非対称性があります。正常車の売り手は50万円以上でなら売ってもよいと考え、欠陥車の売り手は10万円以上でなら売ってもよいと考えているとします。また、買い手は、正常車に対しては65万円まで支払ってもよいと考え、欠陥車であっても15万円まで支払ってもよいと考えているとします。以上のことをまとめたのが図11-1です。なお、売り手も買い手も上で説明したすべての設定を知っているものとします。このような状況の下で、中古車にはどんな値がついて取引量がいくらになるのかを考えてみます。

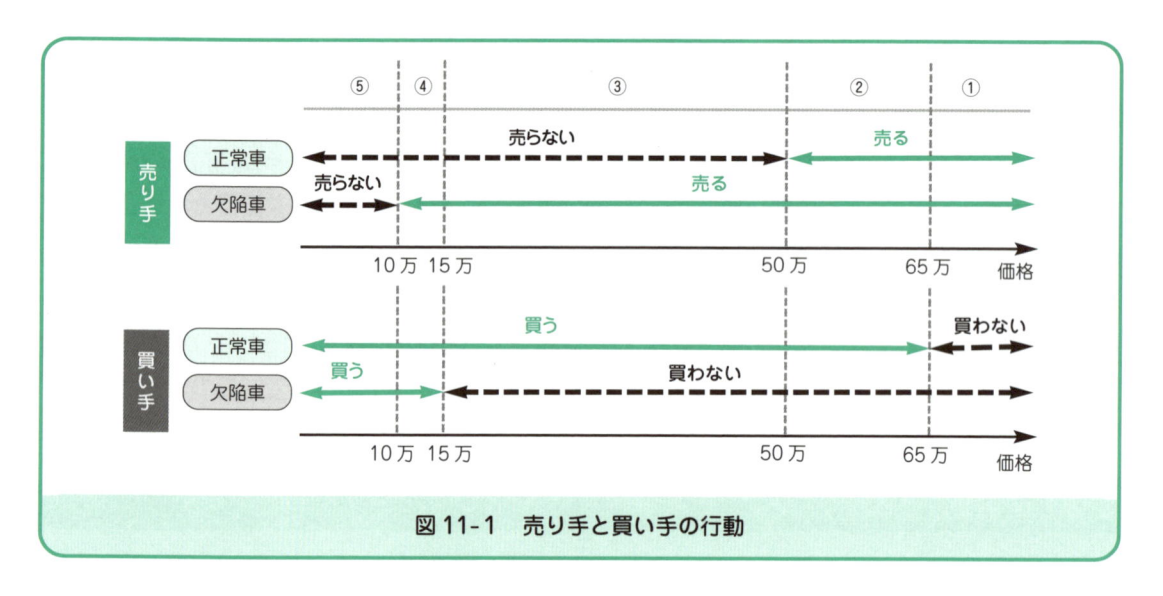

図 11-1　売り手と買い手の行動

（2）取引価格ごとに考える

　ここで重要な点は、買い手は正常車と欠陥車の区別ができないということです。そのため、買い手にとっては正常車だからいくら、欠陥車だからいくら払うというように価格を区別することができず、持ち込まれた中古車が正常車であっても欠陥車であっても共通の価格で買うしかありません。では、中古車の取引価格ごとに取引量について考えてみましょう。

① 取引価格 > 65万円のとき

　図11-1を見てください。取引価格が65万円より高いとき、正常車を保有する売り手も欠陥車を保有する売り手も自分の保有している中古車を売りに出すため、正常車も欠陥車も市場に出回ります。しかし、買い手は、正常車であったとしても65万円までしか支払わないため取引は成立しません。

② 65万円 ≧ 取引価格 ≧ 50万円のとき

正常車も欠陥車も市場に出回ります。市場参加者はすべての設定を知っていると仮定しているため、買い手は、この価格帯では正常車も欠陥車も市場に出回っていることを理解しています。そこで、買い手は中古車を購入することの期待利得を計算し、それがプラスになれば中古車を購入します。期待利得とは、利得の期待値のことです。ここでの利得は、車を1台購入したときの便益から取引価格を引いた値です。つまり、**利得＝限界便益－取引価格**として表現できます。第1章で、限界便益（限界評価）は、財への評価額（支払ってもよいと考える額）であると説明しました。そのため、正常車の限界便益は65万円で、欠陥車の限界便益は15万円です。買い手は正常車と欠陥車を区別できませんが、$\frac{1}{2}$の確率で正常車を手に入れ、$\frac{1}{2}$の確率で欠陥車をつかむことは理解しているため、期待利得は次の式で表すことができます。

> カッコ内は限界便益の期待値。

$$期待利得 = \left(\frac{1}{2} \times 65万円 + \frac{1}{2} \times 15万円\right) - 取引価格$$
$$= 40万円 - 取引価格$$

ここでは、65万円≧取引価格≧50万円であるため、期待利得（40万円－取引価格）は必ずマイナスになります。期待利得がマイナスであるとは、購入したら損をするという意味であるため、買い手は購入しません。よって、市場において取引は成立しません。

③ 50万円 ＞ 取引価格 ＞ 15万円のとき

このとき、市場には欠陥車のみが出回ります。買い手もそのことを理解しています。このときの買い手の期待利得を考えてみましょう。100％の確率で欠陥車を手に入れるので、「期待利得＝1×15万円－取引価格」となります。ここでは、50万円＞取引価格＞15万円であるため、期待利得（15万円－取引価格）は必ずマイナスになります。よって、買い手は購入しないため、市場において取引は成立しません。

④ 15万円 ≧ 取引価格 ≧10万円 のとき

このとき、市場には欠陥車のみが出回ります。買い手もそのことを理解しています。買い手は、欠陥車であっても15万円より安ければ買ってもよいと考えているため、欠陥車が5台取引されます。

リスク態度
リスクへの選好をリスク態度とよぶ。たとえば、確実に1000円を獲得できるくじXと、期待値として1000円を獲得できるくじYがあるとする。このとき、確実なくじXを買う人を「危険回避的」といい、リスクのあるくじYを買う人を「危険愛好的」といい、どちらも無差別である人を「危険中立的」とよぶ。レモン市場では、個人は危険中立的であると仮定している。

⑤ 10万円 > 取引価格 のとき

いずれの売り手も販売しないため、取引は成立しません。

以上の結果をまとめると、取引が成立した価格帯は15万円 ≧ 取引価格 ≧ 10万円のときのみで、そのときの取引量は欠陥車が5台でした。

（3）情報の非対称性は市場取引を阻害する

もし仮に、売り手と買い手に情報の非対称性がなかったらどうなっていたのでしょうか。このとき、正常車と欠陥車はそれぞれ別の財として、別の市場で取引されます。正常車については、50万円から65万円の間で値がついて5台が取引されるでしょう。また、欠陥車については、10万円から15万円の間で値がついて5台が取引されるでしょう。つまり、情報の非対称性がない場合の取引台数は、正常車5台と欠陥車5台の合計10台であることがわかります。

情報の非対称性がある市場とない市場を比較すると、経済学的に重要なポイントが見えてきます。1つ目の重要なポイントは、情報の非対称性がある場合には、市場で取引される財は欠陥車ばかりであることです。この現象を、良い財が選ばれずに、悪い財が選ばれてしまうという意味で逆選択といいます。

2つ目の重要なポイントは、情報の非対称性がある市場では、ない市場に比べて取引量が少ないということです。このことは情報の非対称性が、取引を阻害することで総余剰（社会利益）を減少させていることを意味します。そのため、情報の非対称性は市場の失敗のひとつの要因と考えられています。

以上の説明で、情報の非対称性が市場にある場合、どのようなことが起こるのか、わかっていただけたでしょうか。

（4）逆選択の解決方法

では、どのようにすれば、逆選択を解消することができるのでしょうか。情報を知らない側に情報を伝達できれば情報の非対称性が解消され、逆選択は解消されるはずです。情報伝達には、いくつか方法が考えられます。

1つ目は、スクリーニング（ふるい分け）とよばれる方法です。スクリーニングとは、情報を持っていない側が情報を持っている側に対して、いくつかの選択肢を提示し、そこから選ばせることでタイプを選別する方法です。たとえば、健康保険を考えてみます。通常、人々は自分の健康上の問題について保険会社よりもよく知っています。そして、健康な人たちに比べれば健康に問題がある人たちのほうが、保険に入ろうとより強く考え

> そうか！ 情報をもっていないと質の悪いものをつかまされることがあるのね。

るでしょう。そのことを理解している保険会社は自社の利益を確保するために、健康に問題がある人々を念頭に置いた高めの保険料を設定します。その結果、健康な人々にとっては、健康保険は割高となるため保険に入らず、健康に問題がある人ばかりが保険に入ることになります（逆選択が発生する）。そこで、保険会社がスクリーニングするために2つの保険商品を用意したとします。1つは、医療費を全額補償する代わりに保険料が高い商品で、もう1つは、医療費の一部を自己負担する代わりに保険料が安い商品です。このとき、健康に問題がある人なら全額補償の商品を購入するでしょう。一方、健康な人は、一部自己負担の商品を購入するでしょう。以上のように、スクリーニングをしたことで逆選択が解消され、保険市場では取引の阻害がなくなります。

　2つ目は、シグナリングとよばれる方法です。第6章のコラムでも少し紹介しましたが、シグナリングとは、情報を持っている側が情報を持っていない側に行動を通じて情報を伝えることです。ただし、情報が信用されなければならないことに注意してください。そのためには、コストがかかっていることが重要です。たとえば、労働市場において、「私は優秀です。雇ってください」と口先だけで説明しても信用されないでしょう。ところが、学歴のように時間やお金をかけて取得した学業上の地位があればシグナルとして有効です。また、異性に「好きだから付き合ってほしい」と伝えても、「ホントに？　どうせ口だけでしょ」と相手にされなかった方もいるかもしれません。このとき高価なプレゼントや、時間をかけたサプライズがあれば、好きだという思いは届くはずです。

> 気持ちを伝えるのには、コストをかけることが大事なんだね。

　他には、行政が情報開示を義務付けることや、第三者機関が証明書を発行することも逆選択の解消に役立ちます。

3　モラルハザード

　アルバイトの経験がある人は、店長や上司がいないときに、仕事をさぼった覚えはありませんか？　このような事例も情報の非対称性の分析対象で、モラルハザードといいます。モラルハザードとは、完全には監視できない個人が、望ましいと考えるほどの努力をしないという危険（ハザード）のことです。

（1）モラルハザードが起こるしくみ

　仕事を依頼する人を依頼人（プリンシパル）とよび、仕事を引き受ける人を代理人（エージェント）とよびます。このような依頼関係は、ビジネスの中にだけ存在するわけではありません。母親（依頼人）からあなた

逆選択とモラルハザードの違い
逆選択とモラルハザードは、情報の非対称性の内容によって分類することができる。逆選択では、性質に関する情報について非対称的。これを「隠された情報」という。モラルハザードでは、行動に関する情報について非対称的。これを「隠された行動」という。

（代理人）に手伝いを頼むことや、ゼミの先生（依頼人）からあなた（代理人）に送別会の手配を頼むことも依頼関係です。

　仕事を依頼するときに問題となるのは、依頼人が望ましいと考える水準の努力を代理人がしてくれるかということです。依頼人が代理人の行動を監視できるのであれば、代理人はしっかり仕事をしてくれるでしょう。しかし、依頼人が代理人を監視できないとき、かつ代理人の利益が依頼人の利益と一致しないとき、代理人は依頼人が望ましいと考えるほどの努力をしないでしょう。これをモラルハザードといい、依頼人にとって代理人の行動がわからないという意味で情報の非対称性があります。

　さぼってもさぼらなくても同じ給与であれば、上司の監視下にない外回りの営業マンは、営業努力を怠るかもしれません。また、自動車保険に入

column

サンクトペテルブルクのパラドックス

　コインを繰り返し投げて、表が出たら終了するゲームを考えます。表が出たのが1回目なら1円をもらえて、2回目なら2円をもらえて、3回目なら4円をもらえて……というように倍々で報酬は増えるとします。つまり、投げた回数をnとするなら、$1 \times 2^{n-1}$の報酬を手に入れることができます。さて、このコイン投げゲームには参加費が必要です。あなたはこのゲームに参加するためにいくら払ってもいいと思いますか？

　いくらもらえるかわからないものの、このゲームに参加して得られる報酬の期待値より高い参加費は支払いたくないでしょう。そこで、まずは期待値を計算してみましょう。結果（ここでは報酬）と結果が起こり得る確率を掛け合わせて、それを合計すれば期待値を計算できます。各回の報酬については$1 \times 2^{n-1}$でした。結果が起こり得る確率を考えます。1回目に表が出る確率は$\frac{1}{2}$で、2回目に表が出る確率は$\frac{1}{2} \times \frac{1}{2}$で、3回目に表が出る確率は$\frac{1}{2} \times \frac{1}{2} \times \frac{1}{2}$で……というように表が出る確率は$\frac{1}{2}$倍ずつ増えていきます。つまり、投げた回数を$n$とするなら、$(\frac{1}{2})^n$の確率で表がでます。以上のことから、期待値は次のように計算できます。

$$\text{期待値} = \frac{1}{2} \times 1\text{円} + \frac{1}{4} \times 2\text{円} + \frac{1}{8} \times 4\text{円} + \cdots + (\frac{1}{2})^n \times (1 \times 2^{n-1})\text{円}$$
$$= \frac{1}{2}\text{円} + \frac{1}{2}\text{円} + \frac{1}{2}\text{円} + \cdots$$

　この式から期待値は無限大であることがわかります。このコイン投げゲームの期待値が無限大であるという意味は、あなたはすべての財産を支払ってでもこのゲームに参加すべきだということです。ところが、1回目に$\frac{1}{2}$の確率で表が出て1円しかもらえないかもしれないゲームに全財産を支払ってもよいとは直観的に思えません。そこにはカラクリがあります。上記の問題を提起したスイスの数学者・物理学者のダニエル・ベルヌーイは、効用の概念を用いて解説します。同じ100万円の増加でも、0円が100万円になるときの満足度は、1,000万円が1,100万円になるときの満足度より大きいと思いませんか。一般的には、金額が大きくなるほど、満足度の増加幅は緩やかになります。これを限界効用逓減の法則とよびます。この法則を先ほどの期待値の計算に適用することにより、期待値は無限大に発散することなく、それらしい値に収束します。

ったドライバーが、事故を起こしたとしても、自分で金銭的な負担をしなくてもよいと思い、安全運転を怠ることもモラルハザードの例です。

（2）モラルハザードの解決方法

では、どのようにすればモラルハザードを解消することができるのでしょうか。モラルハザードが起きる要因をもう一度整理しましょう。1つ目の要因は、代理人の行動を監視できないことでした。そこで、カメラを設置することやタイムカードで管理することでモラルハザードは解消されます。2つ目の要因は、依頼人の利益と代理人の利益が一致しないことでした。そのため、両者の利益が一致するようにすればモラルハザードは解消されます。両者の利益を一致させる方法としては、**インセンティブ契約**があります。典型的な例が、成果報酬です。成果に応じて報酬が支払われるとき、代理人は依頼人の望むようにしっかり仕事をするでしょう。また、ボーナスのように給与の一部を後払いするのも1つの方法です。ある一定期間働かなければボーナスは支給されないため、代理人はボーナスがもらえるようにしっかり仕事をするでしょう。また、自動車保険の例であれば、事故の際に一定額の自己負担をさせれば、安全運転を怠らないようになります。

もっと知りたい人のために

情報の経済学

私たちの日常には至るところに情報の非対称性があります。スーパーで野菜を買うにしてもその良し悪しの区別は簡単ではありません。情報の非対称性のように、取引に必要な情報の役割を理解し分析する学問を「情報の経済学」とよびます。情報の経済学は1970年ごろにはじまり、1980年代以降盛んになり、2001年にはこの分野の発展に貢献した研究者たちにノーベル経済学賞が授与されています。近年、情報の経済学はますますその重要性を認識されるようになりました。これから経済学を学習する方は、情報の役割が重要であることを認識しておいてください。

> この車には品質の証明書が付いてるよ。この車はレモンではないね。

> レモンって？ オレンジの皮から作った燃料で動く車はニュースでみたことがあるけど？

　市場において誰がどのような情報をもっているのかが、取引において重要な意味を持ちます。セールスマンの「儲かる株があります」、ショップ店員の「お似合いです」、不動産屋の「いい物件です」、骨董屋の「掘り出し物です」、彼らのうまい話の裏には何かありそうですね。

課題　レモン市場と過剰診療問題

解答は141ページ

1　中古車市場において発生する逆選択の問題について以下の問いに答えなさい。なお、設定は本文中に説明した中古車市場の設定と同じとする。
（1）誰がどのような情報を隠していると考えられるか説明しなさい。
（2）隠された情報に対して買い手はどのような考え方のもとで購入するのか説明しなさい。
（3）その結果、どのようなことが起こるのか説明しなさい。
（4）中古車市場において逆選択を解決する一例を挙げなさい。

2　医師が患者に対して過剰な診療（過剰な検査や薬の投与）をしてしまうことが社会的に問題となっている。この過剰診療問題が起こる理由についてモラルハザードを用いて説明しなさい。なお、依頼人は患者で、代理人は医師とする。患者は医療費の一部を自己負担しなければならないため、医師に対して適切な診療を望むとする（過剰な診療を望まない）。
（1）誰がどのような行動を隠していると考えられるか説明しなさい。
（2）過剰診療問題が起こる理由についてモラルハザードを用いて説明しなさい。
（3）この問題を解決する一例を挙げなさい。

第12章 マクロ経済指標

パン工場の経済活動はどうやって測る？

　4年生の春、麻里子は就職を希望する製パン会社の会社説明会に参加しました。会社の人にパン工場の見学を勧められたので、週末に由紀と一緒に工場見学に行ってみました。

> 由紀：すごい！　次から次にパンが作られていくね。いったい1日にどれくらい作って、どれくらい売れているんだろう？　すごく儲かってそうだね。

> 麻里子：でも、これだけたくさん作ればそのぶん材料費もかかるんちゃうの？　たくさん作っているからといって、儲かっているとはかぎらんのとちゃうかな。

　麻里子たちが訪れたパン工場だけでなく、経済全体ではさまざまな商品が生産され、取引されています。各個人や企業の行動だけでなく、経済全体の活動を見ていく分野をマクロ経済学といいます。本章と次章においてマクロ経済学を学んでいきます。

学習のポイント
- 国内総生産（GDP）とは何かを学ぶ。
- 名目と実質の違いについて学ぶ。
- 物価指数とは何かを学ぶ。

1　GDP とは何か

> GDP とは Gross Domestic Product の略。

一国の経済活動全体を計測した指標を**マクロ経済指標**といいます。この章では、重要な指標であるGDPと物価について説明しますが、その前にマクロ経済指標を把握することの意味を考えてみましょう。病気の治療をイメージするとわかりやすいかもしれません。あなたが健康かどうか、もし健康でないとすると、どこがどのように悪いかがわからないと医師は治療の施しようがありません。経済活動も同じです。マクロ経済指標を見ることで、経済がどのような状態にあるのかを診断し、政府は経済活動を健全な状態に保とうとします。

経済全体の活動を見ていく上で欠かせないのが**国内総生産（GDP）**という概念です。GDPとは、国内で一定期間（通常1年または四半期）に新たに生産された財やサービスの**付加価値**の合計です。ニュースで、「日本の経済は停滞しています」などといった表現を耳にしたことがあると思います。このときの「経済」とは何を指しているのでしょうか。実は、GDPが増減することを経済が成長している、または後退していると表現します。GDPおよび付加価値はとても重要な概念ですので、詳しく見ていきましょう。

付加価値とは、生産活動を行う主体が財の生産により新たに付け加えた価値のことをいいます。言い換えると、生産された額から原材料などの**中間財**の額を差し引いたものが付加価値となります。わかりやすくするために、先ほどのパン工場を例にして考えてみましょう。

図12-1は生産の流れを表しています。パン工場では小麦粉を仕入れて、パンを生産しているとします。また仕入れた小麦粉は別の工場で生産されており、小麦は農家で生産されているとします。パンを作る材料は小

ストックとフローの違い

統計指標はその概念からストックとフローに区別する。ストックとはある時点において計算された数量を表したもので、フローとはある一定期間に計算された数量を表したものをいう。例として、いまダムの貯水量が100万トンであったとすると、この100万トンという数字はストックの概念であり、ここ3日間の大雨で貯水量が30万トン増加していたとすると、この30万トンという数字はフローの概念となる。GDPは一定期間の経済活動を計算したものなのでフローの統計となる。

---

column：GDPは高いほど幸せか？

多くの国では、実質GDPの成長率を安定して高く保つことが政策目標として掲げられています。実質GDPは消費活動の活発度や所得水準の高さを通して国の豊かさを大まかに測ることができ、国の経済活動を測る上でとても有用な指標です。

GDPでは必ずしも人々の豊かさは測れないと考える国もあります。南アジアに位置するブータン王国ではGDPの代わりに国民総幸福量という豊かさの指標を用いて政策運営を行っています。国民総幸福量とは国民の幸福度を数値化した指標で、経済活動など物質的な豊かさだけでなく、睡眠時間や医療機関の充実度といった健康面や、文化の推進、環境保護などさまざまな指標によって計算されています。

日本は所得水準が高いにも関わらず、諸外国と比べて人々が感じる幸福度が低いといわれています。そのような状況を憂慮し、日本においても幸福度指数の作成が検討されています。

麦粉だけではありませんが、ここでは単純化のため小麦粉だけで生産できるとします。また海外との取引はなく、国内に財を生産する企業がパン工場、小麦粉工場、農家以外に存在しないとします。

小麦を生産している農家は仕入れる中間財がないとすると、生産額の30万円が農家の付加価値となります。小麦粉を生産する工場の生産額は60万円で、中間財の小麦は30万円なので、この小麦粉工場の付加価値は30万円となります。同じようにパン工場の生産額が100万円あり、小麦粉の仕入れに60万円かかっているので、生産額から中間財の額を差し引いた40万円がこのパン工場の付加価値となります。パン工場、小麦粉工場、農家それぞれの付加価値を合計した100万円（＝30万円＋30万円＋40万円）がGDPとなります。

生産企業の生産額をすべて足し合わせた190万円（＝30万円＋60万円＋100万円）がGDPではないことに注意してください。生産額をすべて足し合わせると、中間財である小麦については三重に、小麦粉については二重に計算してしまうことになります。重複して中間財を含めてしまうことで、経済活動を過剰に見積もってしまいます。

公共サービスへの支出
警察による治安の維持や、ごみの収集など、私たちは日常において多くの公共サービスを消費している。公共サービスは市場価格が存在しないため、公務員の人件費などサービスの提供にかかる費用を公共サービスの価値として用い、GDPの計算に加えられている。

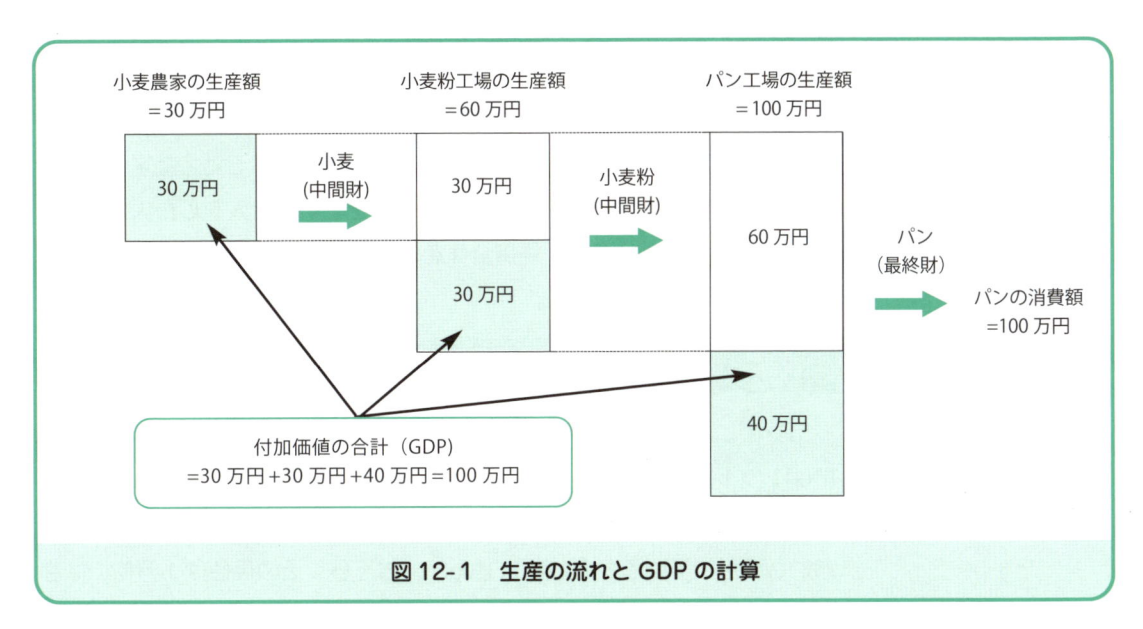

図12-1　生産の流れとGDPの計算

パンのように最終的に消費者によって消費され、中間財とならない財を**最終財**といいます。最終財であるパンの消費額は100万円で、生産企業の付加価値を合計したGDPと同額であることがわかります。家計や企業、政府による最終財への支出額の合計を**国内総支出（GDE）**といいますが、この額はGDPと常に等しくなります。ここで、生産されたものはすべて

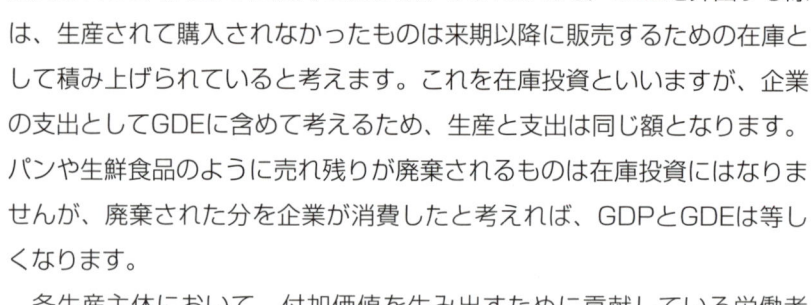

購入されると考えるのに疑問を感じるかもしれません。GDEを算出する際は、生産されて購入されなかったものは来期以降に販売するための在庫として積み上げられていると考えます。これを在庫投資といいますが、企業の支出としてGDEに含めて考えるため、生産と支出は同じ額となります。パンや生鮮食品のように売れ残りが廃棄されるものは在庫投資にはなりませんが、廃棄された分を企業が消費したと考えれば、GDPとGDEは等しくなります。

> GDEとはGross Domestic Expenditureの略。

各生産主体において、付加価値を生み出すために貢献している労働者や、土地や機械といった資本の所有者はその対価を得ることができます。その対価は賃金や地代、資本のレンタル料という形で支払われます。生産要素に応じて支払われる対価を **要素所得** といいます。付加価値から支払われた要素所得を差し引いて企業に残る収益は、株主への配当や政府への納税など最終的に必ず誰かに支払われます。すなわち、生み出された付加価値は家計や企業、政府にすべて分配されます。分配された付加価値の合計を **国内総所得（GDI）** といい、GDIもGDPと常に等しくなります。

> GDIとはGross Domestic Incomeの略。

生産面、支出面、分配面から国内全体の経済活動を測った値はすべて等しくなります。これを **生産・支出・分配の三面等価（またはGDPの三面等価）** といいます。総所得と総支出がなぜ同額になるのか、預金する人もいるのではと思われたのではないでしょうか。個人だけを見ると預金をして消費をしない人もいるかもしれませんが、経済全体で考えた場合、預金をした分だけ必ず誰かが借入をしているはずです。借入をした人は何らかの支出をしていますので、経済全体を考えれば、分配された付加価値と総支出額は等しくなるのです。

2　名目と実質

コンビニに行けばアンパンは100円ほどで売られていますが、明治時代には1つ1銭（0.01円）ほどで買えたそうです。ではアンパンの価値は明治時代の1万倍になったといえるのでしょうか。時代とともにアンパンはおいしくなっているかもしれませんが、おそらくその価値は1万倍にはなっていないでしょう。違う時代の価値を比較するには、物価水準の違いを考慮する必要があります。

> 物価とは、複数の財の平均的な価格をいいます。

物価の変動を考慮せず、その時点での市場価格で評価したGDPを **名目GDP** といい、ある時点を基準として物価水準の変動を考慮したGDPを **実質GDP** といいます。経済活動を正しく計測するためには物価変動を考慮した実質GDPを見ていく必要があります。では実際に名目GDPと実質

GDPはどのように計算されるのでしょうか。その違いを計算例で見ていきましょう。ここでは単純化のため中間財はないものとし、最終財はパンとお米だけとします。

表 12-1　GDP 計算の数値例

	昨年の価格	昨年の生産量
パ　ン	1個当たり100円	100個
お　米	1kg当たり500円	20kg

	今年の価格	今年の生産量
パ　ン	1個当たり400円	50個
お　米	1kg当たり1,000円	10kg

> 中間財がない場合は付加価値＝生産額となります。

まずは名目GDPを計算してみましょう。昨年はパンの生産額が10,000円（100円×100個）、お米の生産額が10,000円（500円×20kg）なので、合わせて名目GDPは20,000円となります。また今年はパンの生産額が20,000円（400円×50個）、お米の生産額が10,000円（1,000円×10kg）なので、合わせて名目GDPは30,000円となります。物価の変動を考慮していない名目GDPを昨年と今年で比較してみると、昨年のGDPは20,000円、今年の名目GDPは30,000円なので、1.5倍に拡大したことになります。

$$
\begin{aligned}
\text{昨年の名目GDP} &= \text{昨年のパンの名目生産額} + \text{昨年のお米の名目生産額} \\
&= 100円 \times 100個 + 500円 \times 20\text{kg} \\
&= 20,000円 \\
\text{今年の名目GDP} &= \text{今年のパンの名目生産額} + \text{今年のお米の名目生産額} \\
&= 400円 \times 50個 + 1,000円 \times 10\text{kg} \\
&= 30,000円
\end{aligned}
$$

$$
\frac{\text{今年の名目GDP}}{\text{昨年の名目GDP}} = \frac{30,000}{20,000} = 1.5
$$

次に実質GDPを計算してみましょう。基準年を昨年とすると、昨年から物価が変わらなかったとした場合の付加価値の合計が実質GDPとなります。基準年である昨年の実質GDPは昨年の名目GDPと同じ20,000円となります。今年のGDPはパンの生産量が100個から50個へと2分の1に、お米の生産量が20kgから10kgへと同じく2分の1に減少しています。この数値例ではパン、お米ともに価格が上昇していますが、物価が変わらなかったとした場合の付加価値の合計が実質GDPとなりますので、今年の実質GDPは昨年のGDPである20,000円の2分の1の10,000円となります。

$$
\begin{aligned}
\text{昨年の実質GDP} &= \text{昨年の名目GDP} \\
&= 20{,}000\text{円} \\
\text{今年の実質GDP} &= 100\text{円} \times 50\text{個} + 500\text{円} \times 10\text{kg} \\
&= 10{,}000\text{円} \\
\frac{\text{今年の実質GDP}}{\text{昨年の実質GDP}} &= \frac{10{,}000}{20{,}000} = 0.5
\end{aligned}
$$

この数値例ではパンとお米の価格上昇によって、名目GDPは1.5倍に拡大していますが、実質GDPは2分の1となっています。名目では昨年に比べて今年の経済活動が活発化しGDPが拡大したように見えます。しかし、実質GDPを計算することで、人々が消費できるパンやお米の量は減少し、経済活動は縮小していることがわかります。

実質GDPの推移を見ることで、物価の変動を取り除いた経済規模を異なる時点間で比較することができます。GDPは内閣府によって公表されていますので確認してみましょう。

表12-2　2011年および2016年のGDP

2011年		2016年	
名目GDP	491兆円	名目GDP	538兆円
実質GDP	491兆円	実質GDP	522兆円

内閣府「国民経済計算」より作成
＊GDPは過去にさかのぼって改定されることがあるため、数値が異なる場合があります。

2011年は基準年なので名目GDPと実質GDPに違いはありません。2016年の名目GDPは物価の上昇により2011年に比べて47兆円上回っています。一方、2016年の実質GDPは2011年に比べて31兆円の増加にとどまります。2011年から2016年にかけて日本の経済は約6％拡大したといえます。ただし、拡大幅は2000年代以前に比べると縮小しており、「日本経済は元気がない」といわれています。

3　物価指数とは何か

物価の動向を把握するために、複数の財・サービスの価格を平均して、指標化したものを**物価指数**といいます。名目GDPと実質GDPの比を**GDPデフレーター**（GDPデフレーター＝名目GDP÷実質GDP）といい、主な物価指数の一種として用いられています。

物価指数はどの時点の数量を基準に計算するかによって**ラスパイレス物価指数**と**パーシェ物価指数**に分けられます。ラスパイレス物価指数は「基準時点」における数量で固定し、価格の変動を計算した指数となります。パーシェ物価指数は「比較時点」における数量で価格の変動を計算した指数となります。

ラスパイレス物価指数とパーシェ物価指数の違いについて数値例で見ていきましょう。

表 12-3　物価指数計算の数値例

	昨年の価格	昨年の生産量
パン	1個当たり 100円	100個
お米	1kg当たり 500円	20kg

	今年の価格	今年の生産量
パン	1個当たり 400円	50個
お米	1kg当たり 1,000円	40kg

GDPを計算した数値例（**表12-1**）と価格の変化は同じですが、お米の生産量が2倍の40kgとなった場合で物価指数を計算してみましょう。ここでは昨年が「基準時点」で、今年が「比較時点」と考えてください。

$$\text{ラスパイレス物価指数} = \frac{\text{今年のパンの価格} \times \text{昨年のパンの生産量} + \text{今年のお米の価格} \times \text{昨年のお米の生産量}}{\text{昨年のパンの価格} \times \text{昨年のパンの生産量} + \text{昨年のお米の価格} \times \text{昨年のお米の生産量}} \times 100$$

$$= \frac{400 \times 100 + 1{,}000 \times 20}{100 \times 100 + 500 \times 20} \times 100$$

$$= \frac{60{,}000}{20{,}000} \times 100$$

$$= 300$$

$$\text{パーシェ物価指数} = \frac{\text{今年のパンの価格} \times \text{今年のパンの生産量} + \text{今年のお米の価格} \times \text{今年のお米の生産量}}{\text{昨年のパンの価格} \times \text{今年のパンの生産量} + \text{昨年のお米の価格} \times \text{今年のお米の生産量}} \times 100$$

$$= \frac{400 \times 50 + 1{,}000 \times 40}{100 \times 50 + 500 \times 40} \times 100$$

$$= \frac{60{,}000}{25{,}000} \times 100$$

$$= 240$$

計算過程で両指数ともに100をかけているのは、昨年の物価を100と考えるためです。昨年の物価を100とした場合、今年のラスパイレス物価指数は300（昨年の3倍）になったことになり、今年のパーシェ物価指数は240（昨年の2.4倍）になったことになります。物価指数は計算方法の違いにより数値が異なることがわかります。

ラスパイレス物価指数の長所は、構成品目の数量を比較時点ごとに測らなくても、価格さえわかれば、過去のある時点での数量をもとに計算できる点にあります。そのため、品目が数多くある場合などに用いられます。短所としては、過去のある時点から比較時点までに数量が大きく変化している場合は、実勢を十分に反映できない点があります。

パーシェ物価指数は比較時点ごとに数量および価格を測らなければ作成できないため、構成品目が多くある場合には手間がかかります。ただし、比較時点の数量を用いるため、数量が大きく変化する指標が含まれる物価を計算する際は、ラスパイレス物価指数より実勢を反映した物価指数となります。

家計にとって身近な食品や洋服などの商品価格を指数化した**消費者物価指数**、企業間で取引される財の価格を指数化した**国内企業物価指数**はラスパイレス物価指数の代表的なものとなります。一方、GDPデフレーターはパーシェ物価指数の代表的なものです。

品質調整
物価を比較するには同一の商品である必要がある。ただし、パソコンやテレビなど以前のものと機能などの品質が大きく異なっており、単純に比較できないものもある。それらを物価指数に組み込む場合は、同じ品質であればいくらの価格になるかという品質調整が行われる。

> 工場の人にきいてみたら、大量の材料を一定して仕入れるから、材料費は抑えられているんだって。そのぶん多くの付加価値を生み出して、給料もたくさんもらえるね。

> でも、デフレでパンの価格が下がってるんやって。消費者にとっては嬉しいことでも、私の給料にとっては嬉しくないんやなぁ。

column

ミクロとマクロの違い

家計や企業の個々の経済活動を考えるミクロ経済学に対して、この章以降で学ぶマクロ経済学は一国全体の経済活動を考えます。一国全体の経済活動を考えるということは、ミクロ経済学で学んできた個々の活動を単純に集計すればよいかというと必ずしもそうではありません。

ミクロでは合理的な行動だとしても、それを集計したマクロでは意図しない結果となることがあります。それを「合成の誤謬」といいます。たとえば、ある家計が消費を控えて貯蓄を増やそうとしたとします。同じようにすべての家計が消費を減らし、貯蓄を増やそうとしたとします。そうすると企業の売上は少なくなってしまい、労働者に支払う賃金もなくなってしまいます。そうなれば消費を控えて貯蓄を増やそうとしても、所得がありませんから、貯蓄もできません。ミクロの行動として貯蓄を増やそうと消費を減らしたとしても、結果としてマクロでみると貯蓄が増加するとは限りません。これは合成の誤謬の一例で、「貯蓄のパラドックス」といいます。

課題　GDPを計算してみよう

解答は141ページ

国内には健太の実家が経営する肉屋と、肉屋に牛肉を卸す畜産農家しか存在しないとする。いま、健太の肉屋、畜産農家の売上数量、価格がそれぞれ以下の表のようになっている。ただし、肉の品質は一定とし、海外との取引は考えないものとする。このとき以下の問いに答えなさい。

	5年前の価格	5年前の売上数量
健太の肉屋	5,000円／1kg	1,000kg
畜産農家	3,000円／1kg	1,000kg

	今年の価格	今年の売上数量
健太の肉屋	7,000円／1kg	800kg
畜産農家	4,000円／1kg	800kg

1. 5年前、今年の名目GDPはそれぞれいくらになるか。
2. 5年前を基準年とした場合の今年の実質GDPはいくらになるか。
3. 5年前を基準年とし、5年前のGDPデフレーターを100とした場合の今年のGDPデフレーターはいくらになるか。

もっと知りたい人のために

帰属計算

多くの財・サービスは市場で取引され、貨幣換算した市場価格を測ることができます。GDPはその市場価格で評価されますが、地下経済などの違法な取引や、家事、ボランティア活動などは市場価格で評価できないため、統計上GDPには含まれません。

ただし、例外もあります。市場価格が存在していないものであっても、GDPに含むことが望ましいと考えられるものは、GDPに含めて計算します。この計算を**帰属計算**といい、仮に取引があったとすれば市場価格はいくらになるかを推計し、GDPに加えて計算します。持ち家の住宅や農家の自家消費などに帰属計算が用いられます。

住宅を例に考えてみましょう。住宅を借りている場合は家賃が支払われ、住宅サービスの消費が増加します。まったく同じ住宅であっても、持ち家の場合は家賃が支払われているわけではありませんので、市場価格である家賃が存在しません。借家であっても持ち家であっても、同じ住宅サービスを享受しているという点では経済活動に違いはありません。持ち家の場合だけ消費に含まないと考えると経済活動を過少に見積もってしまいます。そのため、持ち家の場合は自分に住宅を借りていると仮定し、その賃料を推計し、GDPの計算に加えます。その推計された賃料を**帰属家賃**といいます。

第13章 マクロ経済政策

どうしたら景気は回復するのか？

　　　大学生活もとうとう最後の夏休みを迎えました。翔と健太がスイカを食べていると、選挙カーに乗った候補者の演説が聞こえてきました。今回の選挙は低迷する景気回復が争点になっています。翔と健太も有権者として熱心に耳を傾けています。

> 最近、テレビや新聞は景気が悪いという話題ばっかりだよね。このままで日本の経済は大丈夫なのかな？

> あの候補者は景気を良くするって熱弁しているけど、どうやって景気を良くするつもりなのかな。本当に景気は良くなるのかな？

翔

健太

　　　経済政策は大きく財政政策と金融政策に分かれます。本章ではこの2つの政策が物価やGDPといったマクロ経済指標にどのような影響を及ぼすのかを説明します。もしあなたが政治家なら、景気を良くするためにどのような政策を実施するでしょうか。考えながら読んでみてください。

学習のポイント
- 総需要曲線と総供給曲線を学び、財政政策と金融政策の効果を理解する。
- ケインジアンの交差図を理解する。
- 貨幣市場の仕組みを学ぶ。

第13章 ● マクロ経済政策

1 総需要曲線と総供給曲線

> GDPは第12章100頁、物価は第12章102頁を参照。

本章では総需要曲線と総供給曲線を使った総需要・総供給モデルを用いて、経済政策の効果を学びます。国の経済状況を理解したり、経済政策の効果を把握するために用いるマクロ経済指標の中で、重要となるのは物価とGDPです。第12章で学んだように、物価は複数の財の価格を平均化したもの、GDPは国全体で一定期間に新たに生み出された付加価値の合計のことです。物価とGDPの水準は、総需要曲線と総供給曲線から決まります。

総需要曲線とは物価水準と総需要量の関係を表す曲線で、縦軸を物価水準、横軸を総需要量とすると、**図13-1**のように右下がりの曲線（ここでは直線）となります。総需要量とは国全体の財に対する需要量の合計をいいます。具体的には家計の消費や企業による投資、政府支出（政府の消費と投資）の合計が総需要量となります。

> 総需要曲線が右下がりになる理由は117頁の「もっと知りたい人のために」を読んでください。

総供給曲線とは物価水準と総供給量の関係を表す曲線です。総供給量は国全体での財の供給量の合計をいいます。縦軸を物価水準、横軸を総供給量としたとき、総供給曲線の形は期間の長さによって異なります。期間は短期と長期に分けられます。短期は物価水準が変わらない期間、長期は総需要に応じて物価水準が変わる期間です。

短期の総供給曲線は物価水準が変動しないと考えるため、**図13-1**のように横軸に対して水平になります。それに対して長期の総供給曲線は、総

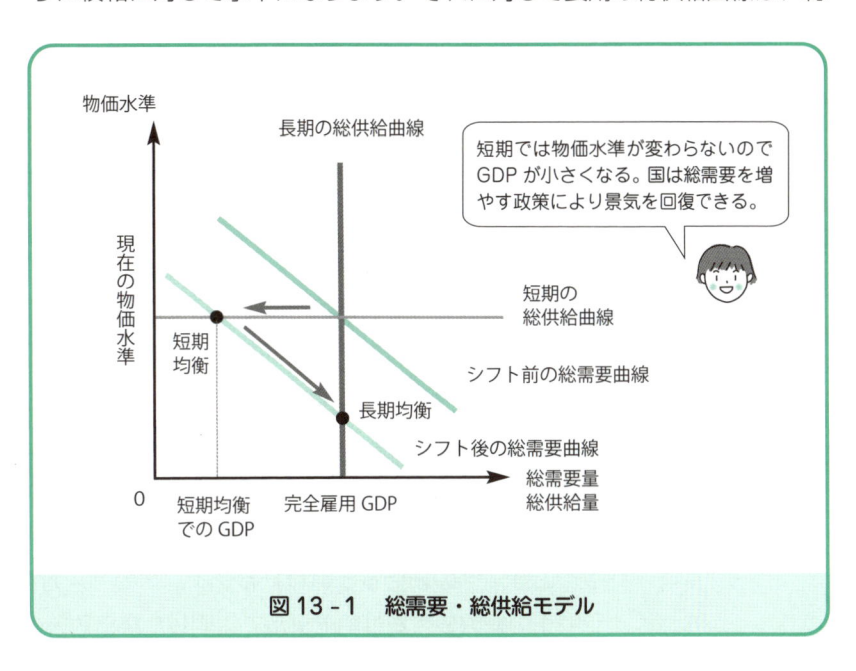

> 短期では物価水準が変わらないのでGDPが小さくなる。国は総需要を増やす政策により景気を回復できる。

図13-1 総需要・総供給モデル

109

供給量は変わらずに物価水準のみ変動すると考えるため垂直になります。総需要曲線は、総供給曲線とは異なり、短期と長期での違いはありません。

もし総需要が減少し、財が売れなくなったら、物価やGDPにどのような影響が生まれるでしょうか。

総需要が減少すると**図13-1**のように総需要曲線が左にシフトします。短期総供給曲線とシフト後の総需要曲線の交点が短期均衡です。短期均衡では、シフト前に比べて物価水準は変わらずに、GDPだけが減少します。長期総供給曲線とシフト後の総需要曲線の交点が長期均衡です。長期均衡では短期均衡に比べて物価水準が下がり、GDPは完全雇用GDPになります。完全雇用GDPとは、働きたいと望んでいる人が全員雇用されているときのGDPのことをいいます。

短期均衡ではGDPが完全雇用GDPを下回っています。つまり、働きたいのに働けない人がいますので不況の状態です。ではGDPを引き上げるために、どのような経済政策を行えばよいでしょうか。国が実施する経済政策は2種類あります。1つは政府が行う財政政策です。財政政策には総需要を増加させる拡張的財政政策と、減少させる縮小的財政政策があります。拡張的財政政策の具体例としては、公共事業費の拡大や減税が挙げられます。逆に、公共事業費の削減や増税は縮小的財政政策になります。

もう1つの経済政策は中央銀行による金融政策です。金融政策とは市場に流通する貨幣や利子率を調整することで、GDPや物価水準を安定化させる政策です。日本の中央銀行は日本銀行です。アメリカでは連邦準備理事会（FRB）、中国では中国人民銀行がその役割を担っています。金融政策にも総需要を増やす拡張的金融政策（金融緩和政策）と緊縮的金融政策（金融引締め政策）があります。たとえば、貨幣を市場に多く流通させる政策は拡張的金融政策になり、市場に出回る貨幣を少なくする政策は緊縮的金融政策になります。

政府が拡張的財政政策、中央銀行が拡張的金融政策を実施すると、総需要を増加させることが可能ですので、短期均衡でのGDPを完全雇用GDPまで引き上げられます。不況のときに、政府が公共事業を行い、日本銀行が貨幣を増やそうとするのは、このような考え方が背景にあるのです。

2　ケインジアンの交差図

図13-2はケインジアンの交差図です。ケインジアンの交差図は、マクロ経済学の創始者といわれるケインズの考え方を図にしたもので、**図13-1**の総需要・総供給モデルで説明した経済政策の効果を、別の角度から分

第13章 ● マクロ経済政策

図13-2 ケインジアンの交差図

析しています。縦軸は計画支出額、横軸はGDPを表しています。計画支出額とは、家計による消費、企業による投資、政府による政府支出の計画額の合計になります。

図には2つの直線が描かれています。1つは45度線です。45度線上の点はGDPと計画支出額が等しくなるので、生産された財に過不足が生じないことを示しています。もう1つは計画支出線で、GDPと計画支出額の関係を表す直線です。GDPが増えると、家計の消費の計画額も増加し、計画支出額が拡大するので、計画支出線は右上がりになります。

家計による消費の計画額には2つの特徴があります。1つ目は、家計は所得がなくても生活するために必ず消費するという特徴です。所得が0のときの消費額を基礎消費といいます。たとえば、生活するために最低限必要となる食費や住居費が基礎消費の具体例になります。2つ目は、家計は所得が増えたときに、その所得をすべて消費する、または貯蓄することはしないという特徴です。所得が追加的に1円増えたときに、消費額が何円増えるのかを表したものを限界消費性向といいます。たとえば、所得が追加的に増加したときに、その所得をすべて消費すると、限界消費性向の値は1、すべて貯蓄にまわすときには0になります。ケインジアンの交差図では、家計は必ず消費と貯蓄に振り分けるので、限界消費性向の値は0から1の間の値をとります。

それではケインジアンの交差図のメカニズムを考えてみましょう。はじめは家計などが計画した通り支出しても企業の生産量と一致せずに、財の売れ残りや不足が生まれます。しかし財が売れ残っていれば、企業は生産量を減らし、逆に不足しているときには生産量を増やすことで、時間が経

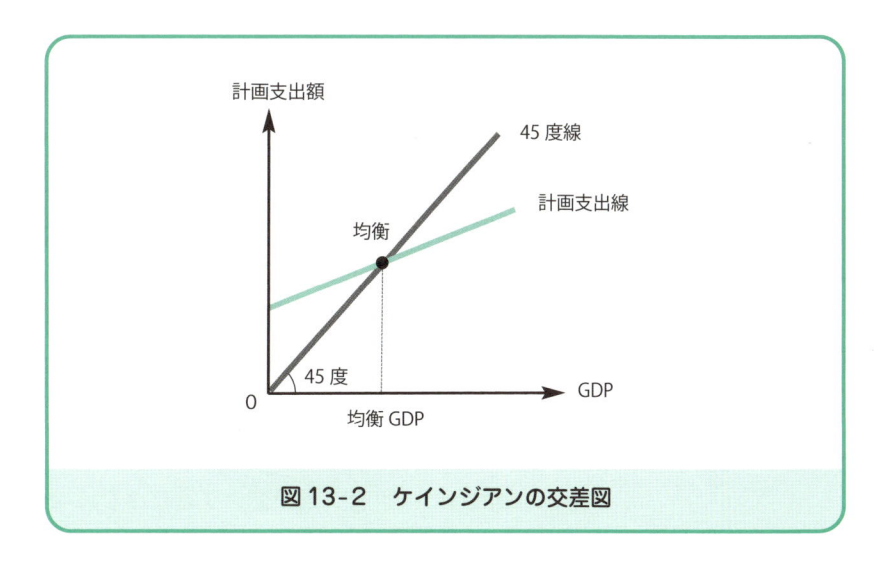

ジョン・メイナード・ケインズ
1883〜1946
イギリスの経済学者。最も有名な経済学者の1人である。不況の原因は有効需要（貨幣的な裏付けのある需要）の不足であることを明らかにした。代表的な著書に『雇用・利子および貨幣の一般理論』がある。

つにつれて財の過不足が小さくなります。最終的には、45度線と計画支出の交点に落ち着きます。このときのGDPを**均衡GDP**とよびます。

図13-3は、政府が公共事業を拡大する計画を立てたときの効果を表しています。公共事業によって政府支出の計画額が増えると、計画支出線が上へシフトします。その結果として、均衡GDPが増加します。政府支出の増加額と均衡GDPの増加額を比べてみると、実は均衡GDPの方が大きくなります。政府が公共事業を行うと、公共事業に従事した人たちは所得が増えて消費意欲が高まります。そうすると、企業も財の生産量を増やすので、企業で働いている人たちの所得も増えます。この好循環によってGDPがふくれあがるのです。

このように、政府支出が拡大することで、均衡GDPが何倍にもふくれ上がることを**乗数効果**といいます。乗数効果は、公共事業の効果を測る重要な指標となります。

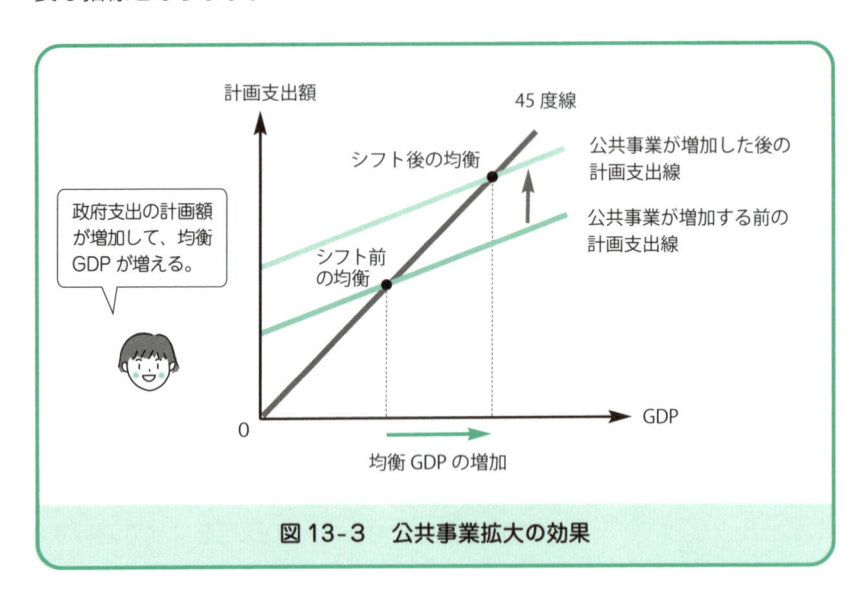

図13-3 公共事業拡大の効果

3 貨幣市場

> 通貨は貨幣と同じ意味で用いられます。

経済学では財の取引にすぐに使える資産を**貨幣**と定義します。つまり、1万円札などの紙幣や500円玉などの硬貨といった現金通貨だけが貨幣ではありません。高額な商品を買うときは現金で支払うこともできますが、銀行に預金があれば小切手を1枚差し出すだけで商品を買うこともできます。このように通貨としても利用できる預金を預金通貨といい、経済学では預金通貨も貨幣として扱います。定期預金は預金には含まれますが、預金通貨には含まれません。ただし、定期預金も中途解約できるのであれば

第13章●マクロ経済政策

貨幣に含まれないもの
クレジットカードの利用残高は借入に属するので貨幣に含まれない。電子マネーも現時点においては使える場所が限られていることなどから貨幣に含まれていない。

> 貨幣供給量は郵政民営化に伴い統計の範囲が2008年以降改められました。以前の範囲で集計されたマネーサプライと区別をするために、マネーストックという表現が用いられています。

現金化することで貨幣としての機能を果たすことができます。このように預金にはさまざまな形態が存在するため、どこまでを貨幣として扱うのかについては専門家の間でも意見が分かれています。

貨幣供給量を**マネーストック（マネーサプライ）**といいます。マネーストックを統計的に測るときは、現金化しやすいかどうかを示す**流動性**によって複数の定義に分けます。日本銀行のマネーストック統計では、マネーストックは流動性の高い順にM１、M２、M３、さらに広義流動性という４つの指標が公表されています。このうち現金通貨と国内銀行などの預金（定期預金なども含む）を合わせたM２が多くの場合にマネーストックとして用いられます。株式や土地の権利書はどれだけ価値があっても流動性が低いので貨幣には含まれません。

貨幣について理解が深まったところで貨幣市場を説明します。貨幣市場も他の市場と同じように需要と供給から成り立っています。

はじめに貨幣需要について見ていきます。家計や企業がどれくらいの貨幣を需要するのかは大きく分けて**取引需要**と**資産需要**という２つの要因によって決まります。取引需要はその名のとおり、取引を行うために貨幣を必要とすることをいいます。所得が上がり、たくさん買い物をしようとす

column

貨幣の性質

貨幣は実にさまざまな形態を取ります。時代や文化の違いにより、貝殻や石、米などの物品貨幣から、金属を使った鋳造貨幣、牢獄内ではタバコが貨幣としての役割を果たすこともあります。いずれの形でも経済活動にとって貨幣はいくつかの重要な機能をもっています。貨幣が生活に欠かせないものだと感じていても、その機能について深く考えてみたことはないのではないでしょうか。貨幣は大きく分けて、「交換の媒介」「価値の尺度」「価値の保蔵」という３つの機能をもっています。

１．交換の媒介機能

貨幣が流通した社会では、貨幣を使うことで商品交換をスムーズに行うことができます。貨幣を介さず、同じ価値のモノを物々交換する社会のことを等価社会といいますが、これには相手が欲しいモノを自分がもっていて、自分が欲しいモノを相手がもっている必要がありますから、取引成立には非常に時間がかかります。

２．価値の尺度

貨幣によって市場で取引される財の価値を100円や1,000円といったように１つの単位によって表すことが可能となります。

３．価値の保蔵機能

財を貨幣と交換することで、モノの価値を保蔵することができます。牛乳を長い間放置していると腐ってしまいますが、牛乳と同じ価値の貨幣を保持することで、新鮮な牛乳をいつでも購入することができます。

ると、貨幣もたくさんもっておく必要があります。経済全体でみると、GDPが増加するとより多くの貨幣が必要とされます。2つ目の要因である資産需要とは、より安全な資産として貨幣を保有しようとする需要のことをいいます。利子率が高くなると家計や企業はなるべく利子が得られる資産を保有しようとするため、貨幣の保有を控えます。逆に利子率が低くなると流動性が高く、より安全な貨幣を多く保有しようとします。

　次に貨幣供給について見ていきましょう。貨幣は個人や企業が自由に供給することはできません。どれだけのマネーストックを供給するかは中央銀行の判断に委ねられます。

　ただし中央銀行がマネーストックをすべてコントロールすることはできません。中央銀行は預金量を直接調整することができないからです。中央銀行はおおむねコントロールできる**マネタリーベース**によって間接的にマネーストックをコントロールしているのです。マネタリーベースは現金通貨と銀行準備金を合わせたものです。銀行準備金とは銀行が中央銀行に預けている預金のことをいいます。民間銀行は預金の引き出しに備えて、一定割合以上を中央銀行の預金口座に預けることが義務付けられています。

> マネタリーベースはハイパワードマネーやベースマネーとよばれることもあります。

　なぜマネタリーベースによって預金量を調整することができるのでしょうか。もし中央銀行がマネタリーベースに含まれる銀行準備金を増やすと、民間銀行は余分な銀行準備金を企業に貸し出すことで利子収入を得ようとします。貸し出されたお金は企業が現金として手元に置いたり、銀行に預金したりするので、マネーストックが増加します。マネーストックとマネタリーベースの比を**貨幣乗数**といいます。貨幣乗数が高いほど、中央銀行がマネタリーベースを増やしたときにマネーストックの増加量が大きくなります。

　マネタリーベースによってマネーストックを調整する金融政策の1つとして、**公開市場操作**が挙げられます。マネタリーベースを増やしたいときは、中央銀行が民間銀行から国債などの金融資産を買い取り、民間銀行が持つ中央銀行の預金口座に代金を振り込むことで銀行準備金を増加させます。これを**買いオペレーション**といいます。逆にマネタリーベースを減らしたいときには、中央銀行が金融資産を売却することで、中央銀行の預金口座にある銀行準備金を少なくします。これを**売りオペレーション**といいます。

　それでは、貨幣市場の均衡について見ていきましょう。**図13-4**は**貨幣供給曲線**と**貨幣需要曲線**を1つの図にまとめたものです。貨幣需要曲線と

第13章 ● マクロ経済政策

図13-4　貨幣市場の均衡

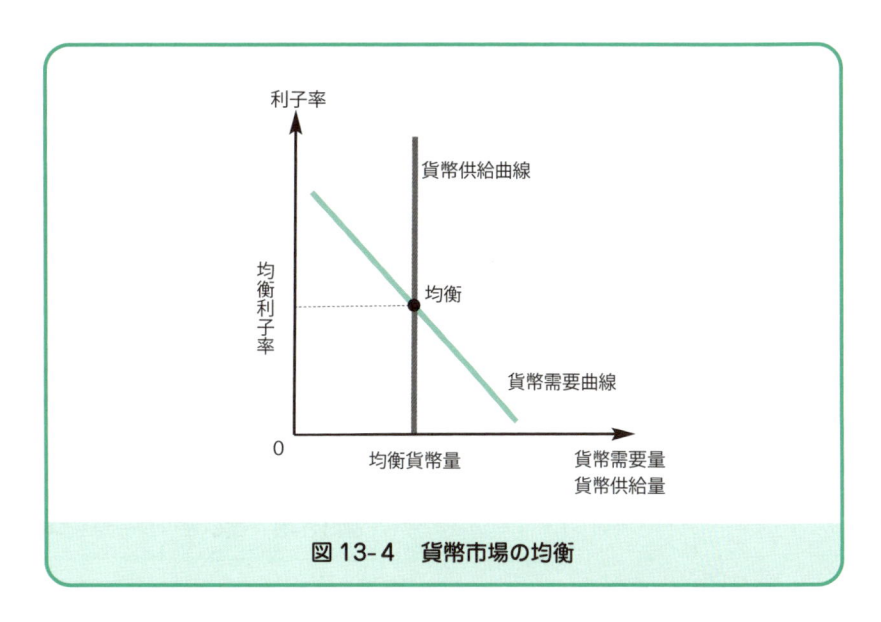

は、ある水準の利子率に対して家計や企業がどれくらいの貨幣を必要としているかを示す曲線です。利子率が高いほど、多くの利子が得られる貨幣以外の資産を保有しようとするため、貨幣需要量は減少します。そのため縦軸を利子率、横軸を貨幣需要量とすると、貨幣需要曲線は図のように右下がりとなります。

貨幣供給曲線とは利子率と貨幣供給量の関係を示す曲線です。貨幣供給量は貨幣需要量とは違って、利子率と関係なく中央銀行の判断によって一定水準に決められます。そのため貨幣供給曲線は横軸に対して垂直となります。

貨幣市場の均衡は貨幣需要曲線と貨幣供給曲線の交点になります。均衡での利子率を**均衡利子率**、貨幣量を**均衡貨幣量**といいます。

図13-5は拡張的金融政策である買いオペレーションが貨幣市場に及ぼす影響を描いています。中央銀行が買いオペレーションによって貨幣供給量を増やすと、貨幣供給曲線は右にシフトします。このとき貨幣市場の均衡が移動し、均衡利子率は低下します。

貨幣市場で買いオペレーションによって利子率が下がると、企業は銀行などから資金を借りやすくなるため、投資を増加させます。企業の投資はケインジアンの交差図の縦軸である計画支出額の1つなので、企業の投資が増えれば計画支出額も増加します。公共事業が増加したときと同じように、計画支出額が上にシフトして均衡GDPが増加します。つまり買いオペレーションは均衡GDPを増加させます。

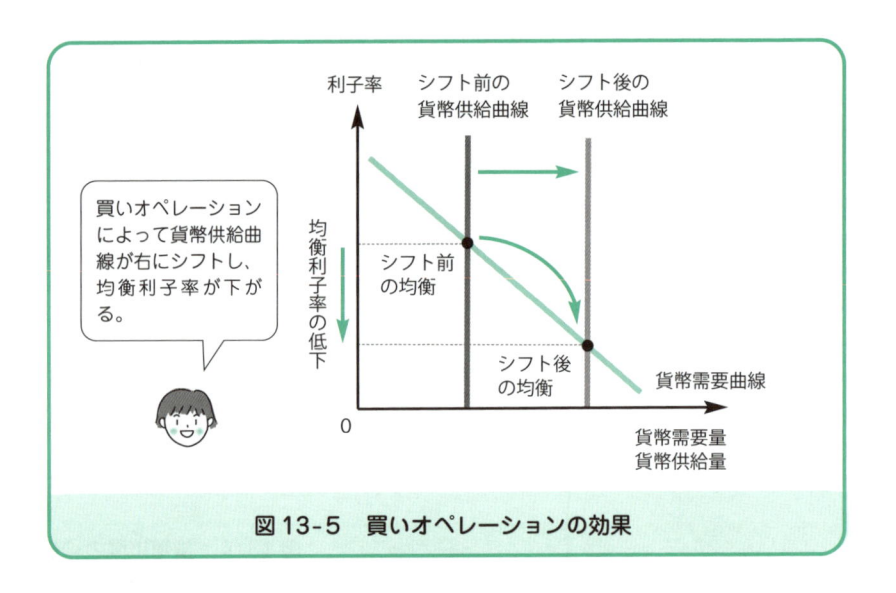

図 13-5　買いオペレーションの効果

課題　ケインジアンの交差図と経済政策

解答は 142 ページ

1　45度線（①式）と計画支出線（②式）が下記のとおり表されるとする。このとき以下の問いに答えなさい。

　　E = Y 　　　　　……①
　　E = 0.8Y+200 ……②　　（E：計画支出額、Y：GDP）

（1）均衡 GDP を求めなさい。
（2）現在よりも政府支出の計画額が 50 増加すると均衡 GDP がどれだけ増加するか答えなさい。

2　ケインジアンの交差図および貨幣市場の説明を踏まえて、均衡 GDP を増加させる経済政策の計画を次の中から選びなさい。
① 政府が家計の消費を刺激するため所得税減税を実施する。
② 政府が財政赤字のため公共事業費を削減する。
③ 政府が企業投資を活性化する政策を実施する。
④ 中央銀行が保有していた国債を銀行に売却して貨幣供給量を減少させる。

第13章 ● マクロ経済政策

　景気が悪いときに国には財政政策や金融政策によって景気を安定化させる重要な役割があります。しかし、財政政策は財政赤字を生み出して国の借金を増やす、金融政策は長期的にはインフレを加速させるという負の側面もあります。だからこそ、政治家には大きなビジョンだけではなく、具体的な政策を示すことが求められるのです。あなたが選挙権を得て投票するときには、どのような素晴らしい政策であっても多かれ少なかれ悪い面もあることを覚えておきましょう。

もっと知りたい人のために

総需要曲線とケインジアンの交差図の関係

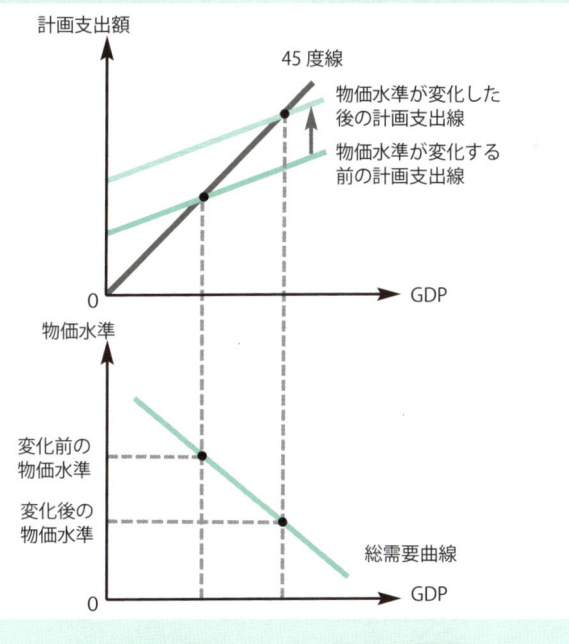

　総需要曲線とケインジアンの交差図は深い関係があります。ケインジアンの交差図では物価水準を一定と仮定しています。つまり、計画支出線と45度線の交点はある物価水準に対する均衡GDPを表しています。実は、この交点は総需要曲線上の1つの点になっています。

　もし物価水準が下がるとどうなるでしょうか。貨幣市場では、物価水準が下がると物価の変動を考慮した実質的な貨幣供給量が増加するので利子率が下がります。利子率が下がると、一般的には投資の計画額が増加します。つまり計画支出線が上へシフトして均衡GDPが増加します。これは総需要曲線を構成する新たな点になります。このように総需要曲線はケインジアンの交差図や貨幣市場の均衡から導かれています。また、このようなメカニズムが働くことによって、総需要曲線が右下がりになるのです。

図　総需要曲線とケインジアンの交差図

第14章 貿易の利益
なぜ貿易は自由がいいのか？

　卒業論文を提出した4人は、健太おすすめの焼肉食べ放題のお店にやってきました。安くておいしいお肉にみんな満足です。

> おいしーい！こんなに安くていいのかな。 —由紀

> 海外の自前の牧場で牛を育てて輸入しているから安いんやって。 —麻里子

> うちの実家の精肉店は国産にこだわってるから、海外から安いお肉が大量に入ってくると死活問題なんだよね。 —健太

> そっか。けど、安いのは消費者にとってはいいことだよね？ —翔

90分間食べ放題！

　海外から安くて質のよい肉が大量に輸入されると、健太の実家のように国産にこだわる店や酪農家は影響を受けそうです。かつて、日本では牛肉の輸入自由化について大論争が起きました。貿易の自由化は競争を招き、国内産業が衰退するというのです。しかしながら、日本のみならず世界の多くの国で貿易の自由化が推し進められています。貿易を自由化することの利益はいったいどこにあるのでしょうか。

学習のポイント
- 貿易の利益を理解する。
- 世界の貿易状況を理解する。
- 保護貿易を理解する。

第14章 ● 貿易の利益

1　貿易の利益

　簡単な例で貿易の利益について考えてみます。全日本コーヒー協会が2016年に実施した調査によれば、日本人は1週間に平均11杯程度のコーヒーを飲むそうです。1日当たりにすると約1.6杯ですから、日本人はコーヒー好きな国民といえそうです。ところが、コーヒー豆はブラジルやベトナムなどの熱帯や亜熱帯地方での生産に適しており、日本での栽培には適しません。そのため、日本が自給自足の鎖国体制をとっていれば日本人はコーヒーを飲むことができません。幸いに日本は生産国と貿易をしているおかげで、コーヒーを飲むことができます。これは、貿易の利益といえるのではないでしょうか。また、高度な技術が必要であるため自国では生産できない財（医薬品やiPhoneなど）であったとしても、貿易をすれば手に入れることができます。このように、消費者にとって財の選択肢を増やしてくれたという意味で、貿易には利益があります。

　次に、比較優位の概念を用いて貿易の利益を考えます。比較優位とは、自分が相対的に得意とする分野に特化することでした。第1章では翔と健太の例で説明しましたが、国と国との貿易に置き換えることもできます。各国が比較優位を持つ財に特化して生産し、それぞれの生産物の一部を輸出すれば、特化しなかったとき（貿易をしない自給自足のとき）に比べて、世界全体としてより多くの生産と消費ができます。これはまさに貿易の利益といえるでしょう。

> 特化することでパレート改善するともいえます。

　もともと比較優位の考え方は、イギリスの経済学者であるデヴィッド・リカードが、自由貿易により利益が生まれることを説明する際に用いた概念でした。これを**比較生産費説**といいます。比較優位の考え方に従えば、自由貿易には各国の関係を深化させる効果があることもわかります。なぜなら、各国は比較優位がある財の生産に特化するために、自国で生産しない財については他国からの輸入に頼るからです。あなたが今日着ている衣服はどこの国で作られたものでしょうか。あなたが昨日食べた夕飯の材料には、日本以外の国で生産されたものがどのくらいあったでしょうか。私たちの豊かで便利な生活は、貿易なしには成り立たないのです。

デヴィッド・リカード
1772～1823
比較生産費説を主張し自由貿易を擁護したイギリスの経済学者。安価な穀物の輸入制限を図る穀物法改正に関連して、自由貿易の立場をとるリカードは保護貿易の立場をとるマルサスと論争した（穀物法論争）。

2　貿易の利益は誰に分配されるのか

　いずれの説明にせよ、貿易により利益が発生することがわかっていただけたと思います。ただし、すべての国民が等しく利益を享受するわけではありません。利益を享受する者がいる一方で、損失を被る者がいることも事

119

実です。どのようにして貿易から利益が生まれるのか、さらに、その利益は誰に分配されるのか、逆に誰が損をするのかを余剰分析を用いて説明します。単純化のため以下の設定を用いて説明します。

> 鎖国（自給自足）をしている小さな王国があるとします。この王国内における牛肉市場を考えます。牛肉の需要曲線（①式）と供給曲線（②式）が下記の通りであったとします。
>
> 需要量 ＝ 500 － 価格 …①
> 供給量 ＝ 価格 － 100 …②　　　（数量(kg)、価格(ドル/kg)）

まず、鎖国状態での国内牛肉市場の均衡価格と均衡取引量を考えます。この市場は第3章の課題と同じ設定であるため、解説は第3章を確認してください。この市場の需要曲線と供給曲線を図示すれば**図14-1**となり、均衡価格は300で、均衡取引量は200となります。

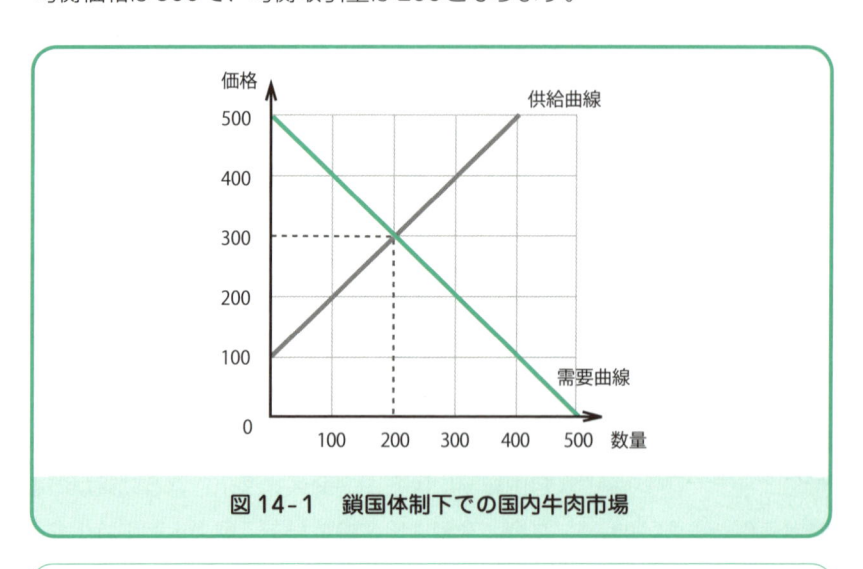

図14-1　鎖国体制下での国内牛肉市場

> ある経済学者が王様に貿易することで利益が生まれることを説明し、鎖国をやめるように提案しました。王様はいたく感心し、鎖国をやめて貿易を開始することにしました。このとき、世界市場で成立している牛肉の価格（世界価格）は200であるとします。そして、世界価格でいくらでも輸出入できるとします。また、この王国は小国であるため、財の輸出入によって世界価格には影響を与えないとします。

よし。鎖国はやめて貿易じゃ。

この王国では鎖国をやめると同時にさまざまな財が貿易され始めましたが、ここでは牛肉市場だけを対象に考えます。まずは、牛肉の世界価格と

国内価格の大小関係に注目してください。世界価格（200）は国内価格（300）よりも低いため、国内消費者は海外から財を購入（輸入）した方が安上がりなので、質が同じであれば海外からの財を購入します（輸入が発生します）。国内生産者はこのままでは太刀打ちできないため、世界価格の水準まで価格を引き下げることになります。その結果、次の4つのことがわかります。1つ目は、国内での取引価格は、世界価格と同じ200となります。2つ目は、国内価格が200のとき、供給曲線から国内の生産量が100となります。3つ目に、国内価格が200のとき、需要曲線から国内の需要量が300となります。4つ目は、国内需要量300と国内生産量100の差額である200が輸入量であるということです。以上のことを図示すると**図14-2**となります。

> ふむ。貿易をすると価格が下がって取引量が増えるのじゃな。

> 世界価格は数量に関係なく200で一定なので、世界価格を図示すると縦軸200で水平な線になるよ。

図14-2　貿易後の国内牛肉市場

> 余剰分析については第4章を参照してください。

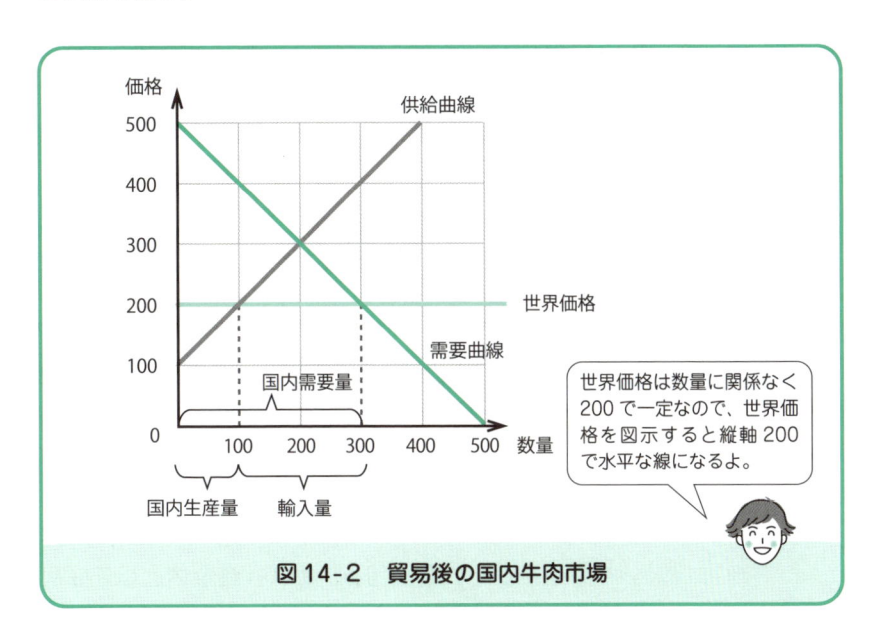

次に、貿易の利益がどのように発生して、誰が利益を享受し、誰が損を被ったのかを余剰分析を用いて考えます。まず、貿易が開始される以前の状況を考えましょう。貿易前は300の価格で取引されるので、貿易前の消費者余剰は**図14-3**の面積Aとなり、生産者余剰は面積B＋Dとなります。次に、貿易後を考えます。貿易後は200の価格で取引されるので、貿易後の消費者余剰は**図14-3**の面積A＋B＋Cとなり、生産者余剰は面積Dとなります。以上をまとめたものが**表14-1**です。

貿易前と貿易後の余剰を比較することで貿易の効果を理解しましょう。貿易前に比べて貿易後の方が、消費者余剰は面積B＋Cが増加し、生産者余剰は面積Bが減少しています。その結果、総余剰は、面積Cだけ増えま

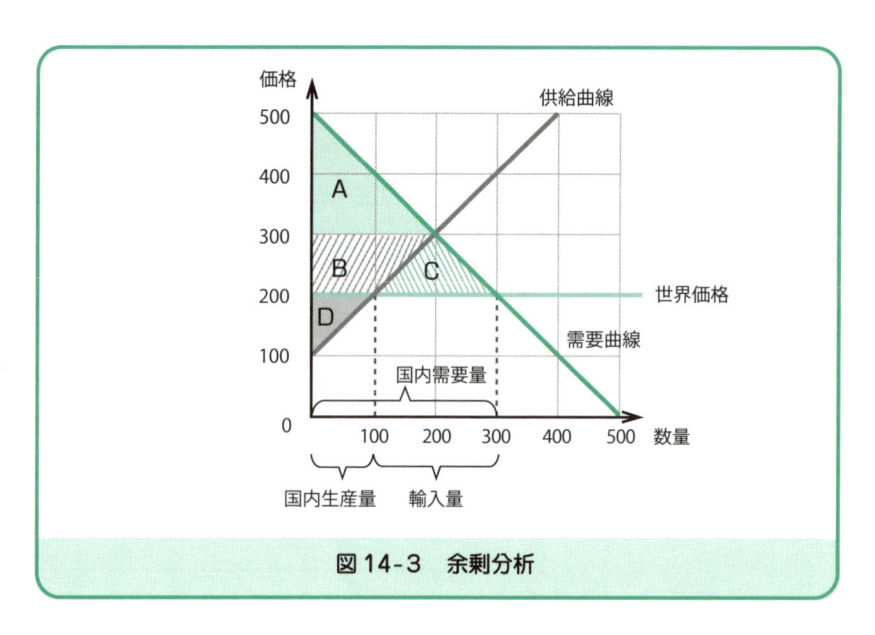

```
                    価格
                    500 ┤          ╲           供給曲線
                        │           ╲         ╱
                    400 ┤       A    ╲       ╱
                        │              ╲    ╱
                    300 ┤────────────────╲╱
                        │      B       ╱│╲ C
                    200 ┤────────────╱──┼──╲───────── 世界価格
                        │      D   ╱    │    ╲
                    100 ┤        ╱      │      ╲  需要曲線
                        │      ╱        │        ╲
                      0 └────┴──────┴───┴───┴────┴──→ 数量
                            100    200  300  400   500
                          ├──┤├────┤
                        国内生産量 輸入量
                        ├──────────┤
                            国内需要量
```

図 14-3　余剰分析

表 14-1　余剰分析のまとめ

	消費者余剰	生産者余剰	総余剰
貿易前	A	B＋D	A＋B＋D
貿易後	A＋B＋C	D	A＋B＋C＋D
差（貿易後－貿易前）	B＋C 増加	B 減少	C 増加

した。以上のことをまとめると、貿易を開始したことにより、海外から安価な製品の輸入が増え、安く売らなければならなくなった国内生産者は余剰を減らしたものの、より安くより多く購入できるようになった消費者の余剰がそれを上回るため、社会全体としては余剰が増えたということです。このことからも、貿易には利益があるといえるのです。このような考え方は、貿易の自由化を推進する**TPP**（環太平洋戦略的経済連携協定：Trans-Pacific Partnership agreement）を推進する根拠の1つとなっています。一方で、国内生産者への打撃が大きすぎることを懸念して反対する意見もあります。

　今回は、「国内価格＞世界価格」の例でお話ししました。では、逆に「国内価格＜世界価格」の場合ではどうなるのでしょうか。このとき、世界価格の方が高いため、国内生産者は高く買ってくれる海外へ向けてどんどん輸出します。今まで通りの国内価格では国内生産者が売ってくれないため、国内の消費者は世界価格の水準で買わなくてはならなくなります。その結果、高く購入しなければならなくなった消費者は余剰を減らしたも

のの、より高くより多く販売できることになった国内生産者の余剰がそれを上回るため、総余剰は増加します。国内価格と世界価格の大小関係によって、貿易の利益が誰に分配されるのか異なりますが、いずれのケースにせよ、貿易することで総余剰は増加します。

3　世界の貿易状況

実際の貿易状況を眺めてみます。**図14-4**は世界、日本、アメリカ、EU、ASEAN＋6の財・サービスの輸出入額（輸出と輸入の合計額）の推移を表しています。**EU**（欧州連合：European Union）とは、ヨーロッパ27か国（ドイツ、フランス、イタリアなど）の共通外交・安全保障政策、警察・刑事司法協力等のより幅広い協力を進展している政治・経済統合体のことです。**ASEAN**（東南アジア諸国連合：Association of South - East Asian Nations）とは東南アジア10か国（インドネシア、シンガポール、タイ、ベトナムなど）の政治・経済・社会などの地域協力機構のことです。**ASEAN＋6**とは、ASEAN諸国に中国、インド、日本、韓国、オーストラリア、ニュージーランドの6か国を加えた総称です。

> EUやASEANの加盟国は時代とともに変化するため、最新の加盟国は各自で確認してください。図14-4、図14-5は2012年時点での加盟国で計算されています。

図14-4　財・サービスの輸出入額

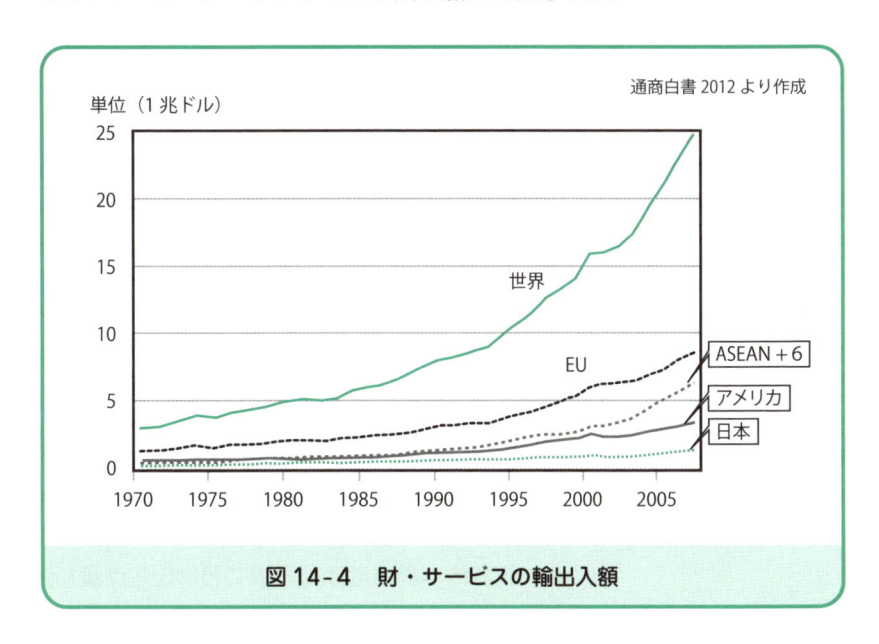

図14-4から、輸出入額は世界的に増加傾向であることがわかります。日本、アメリカ、EU、ASEAN＋6においても、程度の差はありますが輸出入額は増加傾向にあることがわかります。次に、**図14-5**は世界、日本、アメリカ、EUの貿易依存度（GDPに占める貿易の割合）の推移を表しています。

> 2009年に急落しているのは、投資銀行であるリーマン・ブラザーズが破たんしたことを端緒に発生したリーマン・ショックとよばれる世界同時金融危機の影響です。

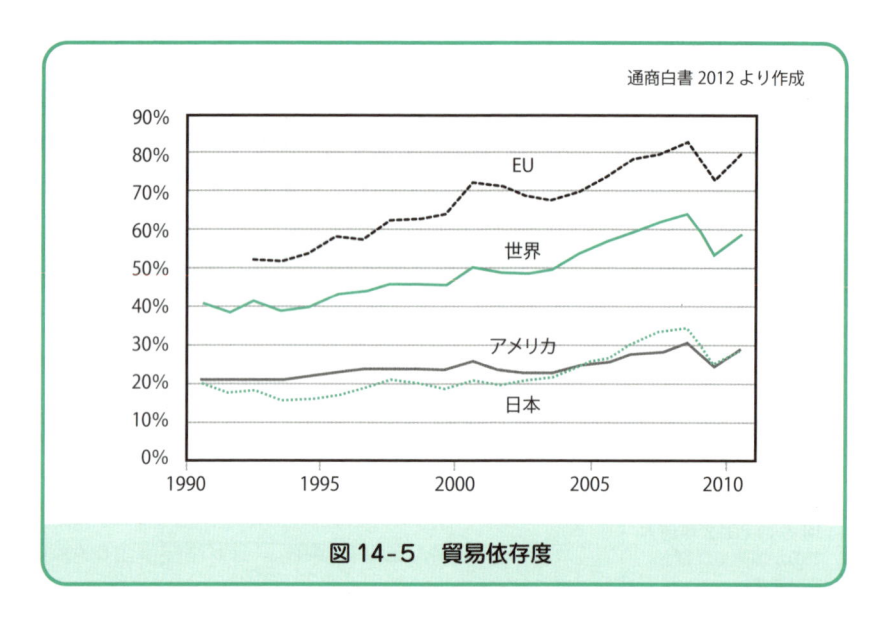

図14-5　貿易依存度

　図14-5から、日本、アメリカ、EUを含め世界的に貿易への依存度が増加傾向にあることが見てとれます。このことは、各国の経済的なつながりがより強くなり、経済のグローバル化が進行していることを意味します。

4　保護貿易

　自由貿易に対して、保護貿易という考え方があります。**保護貿易**とは、政府が何かしら輸入規制を設けることで国内産業を外国産業との競争から保護することです。保護貿易の最も単純な方法は、**関税**（輸入財に対して課す税金）や**輸入数量制限**を課すことです。経済学では一般的には、保護貿易は総余剰を減少させるため望ましくないと考えます。

　これに対して、保護貿易を主張する根拠を2つ紹介します。1つ目は**幼稚産業論**です。幼稚産業論とは、新しい産業を確立するために、その産業を一時的に保護するという考え方です。日本でも、関税や輸入数量制限によって自動車産業を保護し、成長産業へと育ててきた経緯があります。2つ目は**安全保障論**です。安全保障論とは、国際紛争で国交が途絶えることや、世界的な異常気象の影響で穀物の生産量が減少するなどの予測不能な事態により、輸入が途絶えるリスクに備えて、生活の基盤となる財（食料や鉄鋼など）は自給自足で賄うべきだという考え方です。たとえばロシアでは、2010年の猛暑による干ばつ被害の影響で農産物が打撃を受けたため、小麦の輸出を停止したことがあります。ロシアから小麦を輸入していた国が直接的な被害を受けただけでなく、供給量の低下が小麦の国際価格を引き上げ、世界的に大きな影響を与えました。

このように、幼稚産業保護、安全保障という観点から、保護貿易には一定の根拠があります。しかしながら、育成するべき産業はどれなのか、自給自足で賄うべき財はどれなのかを決定することは簡単ではありません。消費者の損失を上回る将来便益がなければ保護することはできませんが、そのような計算は複雑です。場合によっては、それぞれの産業の政治活動（献金や国会議員の擁立など）の量によって、保護される産業が決まるかもしれません。このように、保護貿易の根拠には一定の理解を示したとしても、実際には政治案件として処理され、幼稚産業論や安全保障論の本質はないがしろにされるかもしれません。このような理由から、どのような理由を根拠にするにしても、保護貿易の推進については慎重に議論する必要があります。

column 自由貿易体制

　現実の世界では、国際貿易協定（もしくは機関）であるWTO、FTAやEPAが貿易の自由化について重要な役割を果たしています。

　WTO（世界貿易機関：World Trade Organization）とは、貿易に関連するさまざまな国際ルールを定めたり、貿易紛争を解決する国際機関のことで、協定の実施・運用を行うと同時に、新たな貿易自由化交渉を行い、多角的貿易体制の中核を担っています。WTOには、多くの国が参加しているため（2016年7月現在164か国・地域）、ひとたび交渉がまとまり協定が妥結すると、多くの国の貿易障壁を一度に取り除くことができる特徴があります。これまでにも、WTOの前身であるGATT（ガット：General Agreement on Tariffs and Trade）において、数々の貿易自由化交渉を成功させ、鉱工業、農産品の関税や輸入規制の撤廃など多くの貿易障壁を取り除くことに成功してきました。現在も、WTOのもとで世界の多くの国々が新たな貿易自由化交渉を続けています。しかしながら、WTOは160以上の加盟国が全会一致ルールのもとで交渉するため、意見がなかなかまとまらず近年は交渉が停滞しています。そのため、近年の貿易自由化交渉はFTAやEPAによるものが活発です。

　FTA（自由貿易協定：Free Trade Agreement）とは、一部の国・地域による財やサービスに関する貿易自由化交渉のことです。日本初のFTAの相手国はシンガポール（2002年11月発効）で、その次がメキシコ（2005年4月発効）です。また、投資の自由化、規制の緩和、制度の調和などFTAよりも幅広い経済関係の強化を目指す貿易自由化交渉をEPA（経済連携協定：Economic Partnership Agreement）といいます。FTAやEPAは一部の国・地域の交渉であるため、WTOよりも踏み込んだ自由化を行うことが可能です。そのため、FTAやEPAに参加していない国は、参加国よりも不利な扱いを受けることになります。これもFTAやEPAが活発な理由の1つです。

（食後のコーヒーはおいしいなぁ。これも貿易のおかげね。）

（なんだかんだ言って、健太が一番多く焼肉食べたやん。）

（実家の商売も大切だし、安くておいしいものも食べたいし、悩んでいたらお腹がすいちゃって…。）

（貿易と食欲のジレンマだな。）

　貿易が盛んになるのは貿易国に利益があるからだということを理解していただけたでしょうか。あなたの着ている衣服や身の回りの持ち物、食べ物の生産地を確認してみましょう。どんな国から輸入されているのかを知ることで、貿易の利益を実感できるはずです。

もっと知りたい人のために

貿易と環境

　地産地消の考え方に基づいたフード・マイレージという概念があります。フード・マイレージとは、生産地から食卓までの距離が遠くなるほど輸送にかかるエネルギーが多く必要となり環境負荷が大きいため、生産地から食卓までの距離が短い食料を食べた方が望ましいという概念です。日本は、同じアジアの韓国や、欧米に比べてフード・マイレージが高いといわれています。たとえば、日本で食べられている食パンのほとんどがアメリカなどの外国産小麦を輸入して製造されています。そのため、材料となる小麦を外国産から国内産に変更するだけで、冬場の暖房の設定温度を22℃から20℃に下げたときと同じぐらいの二酸化炭素を減らすことができるといわれています。

　フード・マイレージの例からわかるように、貿易は環境問題と深くかかわっています。そのため、近年では貿易の自由化が環境に及ぼす影響についてWTOなどでも議論されています。2012年には、APEC（アジア太平洋経済協力：Asia Pacific Economic Cooperation）において、環境を保護するために必要とされる物品の使用を促進させるため、環境に優しい物品については、2015年末までに関税率を5％以下に下げることで合意しています。このように、貿易については、自由化への取り組みとともに、環境という新たな視点も重視されるようになってきました。

課題　貿易の利益を計算してみよう

解答は142ページ

鎖国（自給自足）をしている小さな王国があるとする。この王国内における、オレンジ市場を考える。オレンジの需要曲線（①式）と供給曲線（②式）が下記の通りであるとする。

$$d = 500 - p \cdots ①$$
$$s = p - 100 \cdots ②$$

（d：需要量(kg)、s：供給量(kg)、p：価格（ドル/kg））

1　オレンジに関する国内市場の需要曲線と供給曲線を図示しなさい。

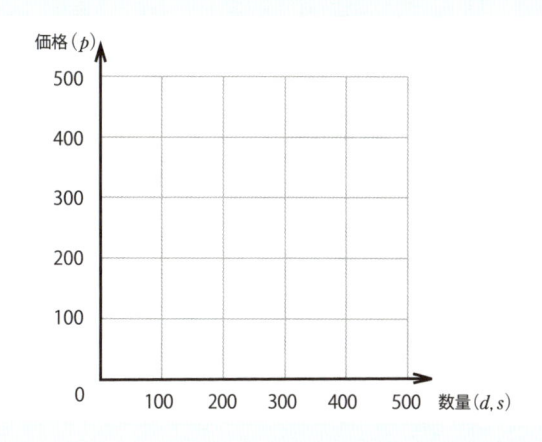

2　オレンジに関する国内市場での均衡価格と均衡取引量を求めなさい。

ある日、王国は鎖国をやめて貿易を開始することにした。このとき、世界市場で成立している当該財の価格（世界価格）は400であるとする。そして、世界価格でいくらでも輸出入できるとする。また、この王国は小国であるため、財の輸出入によって世界価格には影響を与えないとする。

3　1で図示した図の中に、世界価格（400）を書き加えなさい。

4　貿易が開始された後の国内生産量と輸出量を求めなさい。

5　貿易が開始される前と後の国内での消費者余剰と生産者余剰を1の図上において示しなさい。そして、貿易することの効果を余剰の変化から説明しなさい。

終章 経済学を楽しむために
研究フロンティアと参考文献

翔、麻里子、健太、由紀の仲良し4人組は晴れて卒業式を迎えることになりました。学生生活も今日で終わり。4月からは社会人1年生です。

由紀「経済学で学んだ考え方って、社会人になってからも役に立つのかな？」

健太「そりゃそうさ。僕は比較優位の考え方でうまく乗り切るよ！」

麻里子「私は理論とデータを武器にビシッと新しい企画をプレゼンしてみせるよ。」

翔「僕は地元の市役所に勤めるから、地元の地域振興のために活かしてみせるよ。」

　わたしたちの暮らしは経済とともにあります。みなさんの中には、コンビニやレストランなどのアルバイト先で、販売や製造に携わった経験がある人もいるでしょう。また、アルバイト代で、洋服や趣味用品、ノートやテキストなどを買ったこともあるでしょう。その中には海外で製造された輸入品もあったのではないでしょうか。商品を買えば消費税を支払いますし、アルバイト代から所得税を支払ったことがある人もいるでしょう。その税金を用いて行政は道路などの公共インフラを整備したり、教育費の支援、育児支援、若者の就労支援など、わたしたちの暮らしに直結する政策を実施してくれます。このことからも、わたしたちの日々の暮らしは経済活動と切っても切れないものだとわかります。

　経済学を理解すると世の中のさまざまなしくみの理由がわかります。たとえば、携帯電話会社が基本料金と使用料金の2部料金制を採用している理由や、映画館にレディースデーがある理由も理解することができます。これからまだまだ学び続けるみなさんに向けて、本書の締めくくりとして、経済学を学ぶことの意義やわたしたちの日々の暮らしに経済学がどのように役立っているのかを少し大袈裟に説明したいと思います。欄外には5年後の4人組にも登場してもらいました。経済学は役に立っているでしょうか？

終章 ● 経済学を楽しむために

1　経済学を学習する意義

（1）政策的取組み

　経済学は社会科学の1つですから、現にわたしたちの社会に起こっている、もしくは起こり得る問題を解決することが求められます。たとえば、失業などの雇用問題はわたしたちの生活にとって重要な問題です。所得がなければ生活が成り立たないのは当然のことですが、所得が不安定であるため結婚しない人も増えており、社会問題になっています。失業はさまざまな要因によって起こりますが、特に景気に左右される側面があります。そのため、経済学には雇用問題の背景を分析するにとどまらず、景気を回復させる何かしらの政策的な打開策が求められます。たとえば、公共事業への支出の増加、法人税率引下げなどの財政政策を実施すること、金利の引き下げ、貨幣供給量の増加などの金融政策を実施することなど、総需要をコントロールする政策がこれまでにも実施されてきました。それぞれの政策は即効性や持続性などの性質が異なるため、政府はそのときどきに応じて政策を組み合わせ、問題に対してより有効な対策を打ち出します。また、資源には限りがあるため、社会目標を達成するためには資源をできるだけ効率的に用いる必要があります。そのような効率性の観点からも、経済学は政策決定に示唆を与えてくれます。

　雇用問題以外でも、経済学が対象とする社会問題は多岐にわたります。たとえば、福祉・医療問題、環境問題、教育問題、差別問題、薬物問題など、社会や人間行動に関係する諸問題に対して幅広く取り組んでいます。これらの社会問題を解決してくれるのなら、経済学はわたしたちの日々の暮らしを安定させ、豊かにしてくれるといえるでしょう。また、これらの社会問題に対して、わたしたちは選挙を通じて意思を表明することができます。そのためには、それぞれの政党がどのような社会を実現しようと考え、どの社会問題をどのように解決するつもりなのかを評価することが求められます。より良い社会を実現させるためには、有権者に政策を正しく評価する能力が備わっている必要があります。そのためにも、経済学を学習する意義があります。

（2）経済学的な発想を身につける

　経済学では、個人はインセンティブに従い行動すると考えます。つまり、行政などの制度設計者が適切にインセンティブを設定することさえできれば、個人の行動を制御し、望ましい社会経済を達成できると考えます。

> 経済政策はお金を必要なところに回す仕組みだと思うんだ。社会的弱者と共存できる地域作りを進めたいよ。そのためにも投票にはぜひ行ってもらいたいな。
>
> 5年後の翔
> 市役所職員

筆者は以前、ある省庁の官僚から「政策には国民の協力が必要だ」という発言を聞いたことがあります。問題を解決するためには、国民一人一人が問題を認識し、高い倫理観のもと一丸となり立ち向かう必要があるのだというのです。意気込みを感じる発言ではありますが、政策を設計する担当者としてふさわしい発言なのでしょうか。経済学的な発想に従えば、国民に協力してもらいたければ、協力するためのインセンティブを制度に埋め込めばいいといえます。たとえば、人々にとって脱税することが合理的となる税制を作っておきながら、納税への協力を訴えかけることは本末転倒です。「正しい政策の作り方」を理解する意味でも、経済学を学習する価値は大いにあるでしょう。

もちろん、経済学を活用できるのは政策を担う人たちに限りません。「経済学は社会に出ると役に立たない」という人もいますが、実は意識せずに役立っているのです。たとえば、みなさんが企業の社員として、売り上げの予想をする担当になったとしましょう。その時には、需要曲線で学んだように価格が高くなれば需要が減るということを思いだしてください。価格を上げて、しかも需要を増やすことはむずかしいのです。しかし、これまでより便利な商品を提供することができれば可能かもしれません。

本書では大学生活における問題を、常識では思いつきにくい比較優位や余剰分析などの経済学的な概念で説明し、さらにゲーム理論という経済学の新しい思考方法を使って理解してきました。社会に出れば、大学生活以上にさまざまな経済問題に直面し、それを解決しながら企業や周りの人に貢献していくことが求められるでしょう。みなさんも、これから経験する就活やその他のビジネスシーンで、経済学的な発想を役立ててみてください。そのヒントは、この本のあちこちに書かれています。

(3) 実用化された制度

これまでの経済学では、すでにある市場や制度を理解することに主眼がありましたが、現在ではそこからさらに踏み込んで市場をデザインする研究が盛んになっています。市場がうまく機能しない場合や市場がそもそも存在しない状況では、何かしらの有効な制度を設計する必要があるためです。以下では、オークション制度とマッチング制度の実用例を紹介し、経済学に基づいた制度設計がわたしたちの日々の暮らしに活かされていることを説明します。

オークションとは、購入条件を入札者に競わせ、最も良い購入条件を提示した入札者に商品を売却する取引制度のことです。オークションの歴史は古く、紀元前500年頃には始まり、ローマ皇帝の位を売っていたことも

> パンの新商品開発にあたっては、需要の価格弾力性が世帯構成によって大きく違うことに注目したんよ。ファミリー層をターゲットにしたメガ盛りファミリーセットパン！このボリュームでこの価格！インパクトすごいやん！

5年後の麻里子
製パンメーカー社員

> 経済実験の結果によると、お客さんは種類が多すぎると選べなくなっちゃって買わないそうです。そこで、店頭ではオススメ品を厳選して並べることにしたら、売上が1.5倍になりました。マジックみたい〜！

5年後の由紀
アパレル店員

終章●経済学を楽しむために

あるそうです。歴史あるオークションではありますが、経済学で分析されるようになったのは、わずか50年程度のことです。経済学では、どのようなオークションであれば入札者がどのような動きをするのか、また、望ましい性質を持つオークションの設計などを研究してきました。みなさんおなじみのヤフー・オークションは、こうしたオークション研究の知見を用いて設計されています。また、インターネットでキーワード検索をすると、キーワードに関連した広告が画面の端に表示されることがありますが、この広告をどの位置に表示するのかを決める検索連動型広告オークションというものがあります。人は上の方に表示された広告をよく見るため、広告主にとっては広告の位置についてオークションする意味がでてきます。グーグルやヤフーは著名な経済学研究者を雇ってこうしたオークションの研究をしていました。また、アメリカでは、オークション研究の第一人者である経済学研究者が行政の依頼によって電波の周波数帯を割り当てる周波数オークション制度を設計し、成功を収めたという例もあります。日本でも周波数の割り当てや空港での発着枠の配分についてオークションを導入する動きがあります。

　マッチング理論とは、人と人（もしくは学校、企業、業務など）を、それぞれが持つ好みに応じて組み合わせる理論のことです。たとえば、日本では公立学校選択制度にマッチング理論が応用されています。公立学校選択制度とは、通学地域にしばられることなく複数学校の中から自由に選べるようにする制度で、2006年の内閣府の調査では全国の小中学校のおよそ15％が採用しています。また、2004年からは医学部生と病院をマッチングさせる医師臨床研修制度にもマッチング制度が利用されています。マッチング制度はどのような算法（アルゴリズム）を用いてマッチングさせるかにより性能が異なるため、経済学では、双方の希望を最大限かなえるという観点などから、より望ましい性質を持つマッチング制度を模索しています。アメリカでは、より多くの人が腎臓移植を受けられるようにと、腎臓移植のマッチングも始まり、人命を救う制度として機能しています。

　以上、オークション制度とマッチング制度を事例にして、経済学が現実に使用される制度を設計していることについて説明しました。経済学の知見を生かした現実社会の制度は広がりを見せており、みなさんの日常にもますます浸透してくるはずです。

　経済学がわたしたちの日々の暮らしに役に立っていること、また経済学を学ぶ意義について説明してきました。経済学は、これまでも数学や統計、物理といった諸分野の知見を取り入れて発展してきました。今日では

> 国産ブランドビーフを使ったレシピのサイトを作って、レシピに合わせて食材をセット購入できるサービスを始めたら、すごい反響で海外からも注文が来ちゃってさ、これでうちもグローバル企業だよ！

5年後の健太
精肉店店長

心理学や脳神経科学などの知見も取り入れ、さらなる進化を試みています。各学問分野において発展してきた知見や手法を取り入れることは、経済学という学問の進化を通じて、人々の希望に沿ったより豊かな社会を実現させるでしょう。そのためにも世界中の研究者たちは日々研究を重ね、人を理解し、社会を理解し、望ましい政策や制度の設計、経済現象の予測を目指しています。機会があったら、みなさんも研究のフロンティアをのぞいてみてください。

> 実は僕、比較優位だけはばっちりなんだけど、それ以外のむずかしい話はあんまり覚えてないんだよね……。

> あかんやん。それじゃ、もう一度復習やね。

> 実験楽しかったなあ。経済学が好きになっちゃった。

> 経済学についてはまだまだ勉強することがたくさんあるよ。これからも頑張らないと。

2　参考文献

経済学はおもしろい学問ですが、苦手意識を持つ学生がいます。彼らの多くは、日々の生活と経済学の関わりが見えないこと、数学を使うことが一因となり苦手意識を持つようです。それらの苦手意識をうまく取り除いたうえで、経済学のたのしさを伝えてくれる教科書を厳選しました。興味のあるものから読んでみてください。

（1）ミクロ経済学

『ミクロ経済学〔第2版〕』　P.クルーグマン ほか　東洋経済新報社　2017年

ノーベル賞を受賞したポール・クルーグマンが書いた700ページ以上あるミクロ経済学の大作です。豊富な事例とともに経済理論を展開しているため、初学者でも興味を持って学習することができます。

『**ミクロ経済学Ⅰ、Ⅱ**』　八田達夫　東洋経済新報社　2008年

　著者自身が政府の委員など政策形成に携わってきた経緯からか、日本の経済政策についての分析例が豊富です。ミクロ経済学が政策的にどのように役立つのかを理解できます。

『**高校生からのゲーム理論**』　松井彰彦　ちくまプリマー新書　2010年

　過去の歴史的出来事や現実として起こり得る戦略的環境について、ゲーム理論を用いて解説しています。読み物風のため、楽しくゲーム理論の考え方を理解することができます。

（2）マクロ経済学

『**マクロ経済学〔第2版〕**』P.クルーグマンほか　東洋経済新報社　2019年

　著者はアメリカ大統領経済諮問委員会委員を務めた経験もあり、より実務に近い視点で経済政策を学ぶことができます。本書で取り扱わなかったテーマについても丁寧に記載されており、幅広く体系的に学習できます。

『**マンキュー経済学Ⅱ〔第4版〕**』N.G.マンキュー　東洋経済新報社　2019年

　豊富な事例をもとに、わたしたちの生活の周囲で起きているさまざまな出来事について、経済理論がどのように関連しているのかを示してくれています。経済学の十大原理という大胆な提示もしており、経済学の性格、目的、教訓がわかりやすくまとめられています。

『**スタディガイド 入門マクロ経済学〔第5版〕**』大竹文雄　日本評論社　2007年

　種々の経済指標を使った問題を繰り返し解いて、経済事象をしっかり理解したい人にはこの本をおすすめします。本書で紹介した経済指標以外にも出題範囲はバラエティ豊富かつ解説も丁寧です。

（3）その他

『**ヤバい経済学〔増補改訂版〕**』S.レヴィット　東洋経済新報社　2007年

　大相撲の八百長問題、子の名前と親の所得や学歴の関係などの現象を、経済学的な思考を用いて分析しています。行動経済学や統計データに興味を持った方におすすめです。

『**経済セミナー**』日本評論社　隔月

　社会経済現象について経済モデルを用いて解説する特集と経済学に関する最新トピックや経済学の学習をサポートする連載から成る経済雑誌です。むずかしい内容も平易に解説してくれるため、学部生でも読める経済学の雑誌です。

課題の解答

第1章

1. (1) 経済取引によるモノとカネの流れを表す図。
   (2) 生産要素市場では家計から企業へモノが流れる。生産要素とは労働サービスと資本のことである。生産物市場では企業から家計へモノが流れる。
   (3) モノとカネの流れは逆になる。家計から企業にカネが流れるのは生産物市場、企業から家計にカネが流れるのは生産要素市場になる。

2. (1) 表を見ると由紀のほうがケーキもクッキーも1時間で多く作れる。つまりケーキを作ることも、クッキーを作ることも由紀が絶対優位をもつ。
   (2) 由紀はケーキを1個多く作るとクッキーを3個あきらめないといけない。つまりケーキを1個作ることの機会費用はクッキー3個分である。他方、麻里子はケーキを1個多く作るとクッキーを4個あきらめないといけない。つまり麻里子がケーキを1個作ることの機会費用はクッキー4個分である。機会費用が小さいのは由紀なので、ケーキを作ることに比較優位をもつのは由紀だとわかる。一方がある仕事に比較優位をもつと、もう一方が別の仕事に比較優位をもつ。つまりクッキーを作ることに比較優位をもつのは麻里子である。
   (3) 比較優位をもつ仕事だけを行うことを特化という。由紀はケーキ、麻里子はクッキーだけを作るので、1時間でケーキが10個、クッキーが20個作られる。なお、由紀も麻里子も自分だけでケーキを36分（＝3/5時間）、クッキーを24分（＝2/5時間）かけて作ると、2人の合計でケーキが9個、クッキーが20個作られるので、特化したときのほうが豊かになる。

第2章

図2-1 「牛肉の需要曲線」

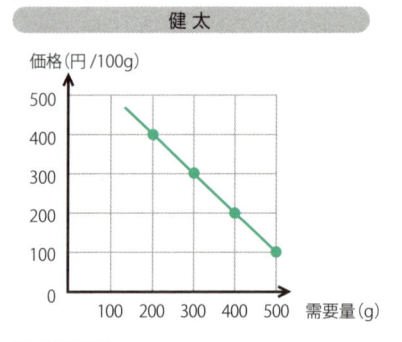

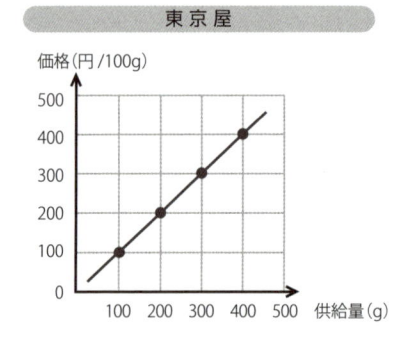

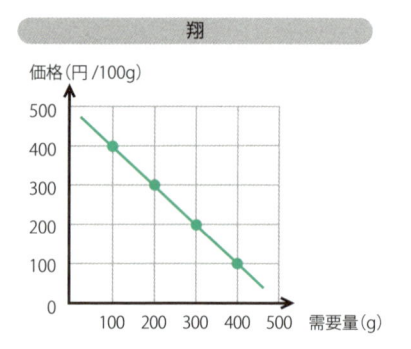

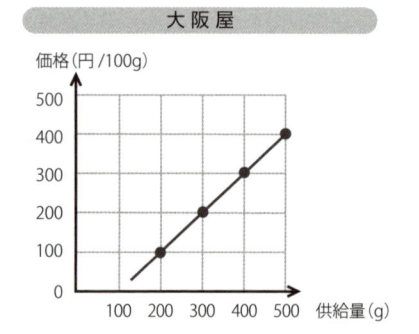

健太／翔

図2-2 「牛肉の供給曲線」

東京屋／大阪屋

1 需要表を点で表し滑らかな線で繋ぐと需要曲線になる。本問のように、需要曲線の形は曲線になることもある。

麻里子の需要曲線

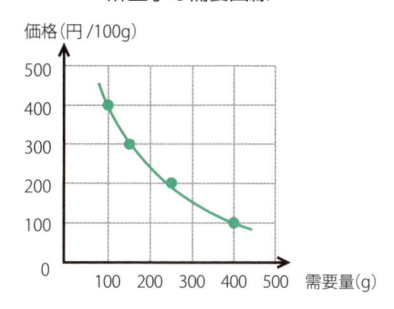

2 鶏肉価格に起因するときは需要曲線上の移動、その他の要因に起因するときは需要曲線のシフトで表される。つまり①と②が需要曲線のシフト、③が需要曲線上の移動になる。需要曲線は需要が増加する要因であれば右、減少する要因であれば左にシフトする。よって、①のときは鶏肉が上級材であれば右、下級財であれば左、②のときは左にシフトする。

3 片方の財の価格が下落し、もう片方の財の需要量が減少するとき、その2つの財は代替財である。逆に需要量が増加すると補完財である。よって①には代替財、②には補完財が入る。

第3章

1 完全競争市場では、需要者と供給者がプライス・テイカー（価格受容者）として行動する。供給者が1人だけの市場は独占市場とよばれる。独占市場の供給者は競争相手がいないのでプライス・メイカー（価格設定者）になる。また供給者が少数しかいない市場は寡占市場とよばれる。以上から①プライス・テイカー（価格受容者）、②独占市場、③プライス・メイカー（価格設定者）、そして④寡占市場になる。

2 （1）需要曲線は需要曲線上の2つの点を見つけて線で結ぶと図示できる。この2点は価格に適当な数字を代入して見つける。たとえば①式の p に200を代入すると d は300、p に400を代入すると d が100になる。これは価格が200円のとき需要量が300個、価格が400円のとき需要量が100個になることを表す。それぞれを点にして直線で結ぶと需要曲線になる。供給曲線も同じように考える。②式の p に200を代入すると s が100、p に400を代入すると s が300になる。これは価格が200円のとき供給量が100個、価格が400円のとき供給量が300個になることを表す。需要曲線のときと同じように、それぞれを点にして直線で結ぶと供給曲線になる。

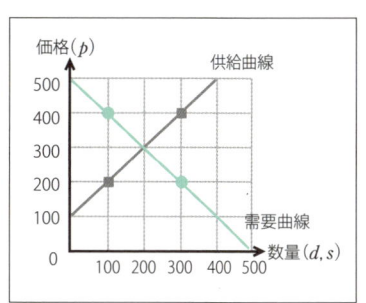

課題の解答

(2) 市場均衡は(1)で図示した需要曲線と供給曲線の交点になる。市場均衡での価格が均衡価格、数量が均衡取引量なので、均衡価格は300円、均衡取引量は200個である。図を使わずに計算によって答えを見つけることもできる。均衡価格を表す記号をp^*とすると、均衡価格での需要量は①式から$500-p^*$、供給量は②式からp^*-100となる。この2つが等しくなるのは、p^*が300のときなので均衡価格は300円になる。p^*が300のとき、均衡価格での需要量または供給量は200になるので、均衡取引量は200個である。

第4章

1 需要者の取引利益を消費者余剰、供給者の取引利益を生産者余剰という。消費者余剰と生産者余剰の合計は市場全体での取引利益を表す。これを総余剰という。市場均衡では需要と供給が等しくなるだけではなく、総余剰が最大化される。市場均衡以外の状態では総余剰が減少するが、この総余剰の減少分は超過負担とよばれる。以上より、①が消費者余剰、②が生産者余剰、③が総余剰、④が超過負担になる。

2 (1) 需要曲線は需要曲線が通る2つの点を見つけて線で結ぶと図示できる。この2点を見つけるためには価格に適当な値を代入する。たとえば①式のpに100を代入するとdは300、pに300を代入するとdは100になる。これは価格が100円のとき需要量が300個、価格が300円のとき需要量が100個になることを表す。それぞれを点にして直線で結ぶと需要曲線になる。供給曲線も同じ方法で図を描くことができる。たとえば②式のpに100を代入するとsは100、pに300を代入するとsは300になる。これは価格が100円のとき供給量が100個、価格が300円のとき需要量が300個になることを表す。この2点を直線で結ぶと供給曲線になる。

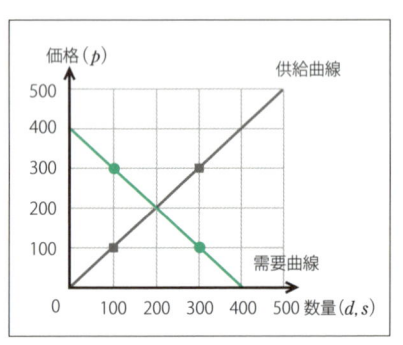

(2) 消費者余剰は需要曲線の下側から価格の上側までの領域（薄い緑色）、生産者余剰は供給曲線の上側から価格の下側までの領域（グレー）になる。どちらの余剰も三角形なので、面積は「底辺×高さ÷2」になる。計算をすると消費者余剰は20,000円（＝200円×200個÷2）、生産者余剰は20,000円（＝200円×200個÷2）になる。

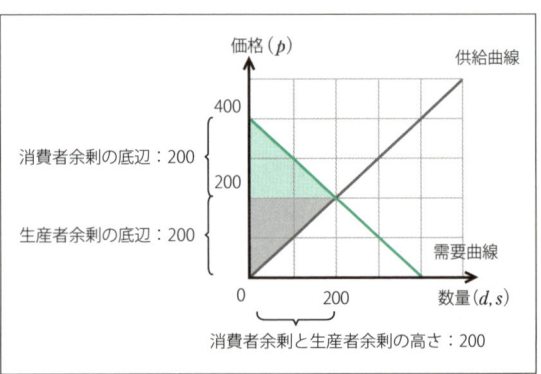

第5章

1　需要表と供給表を点で表し、それぞれを直線でつなげると、需要曲線と供給曲線になる。需要曲線と供給曲線の交点が市場均衡になる。図から、均衡価格が10,000円、均衡取引量が500個になることがわかる。

2　眼鏡の人気が上がると、眼鏡の需要曲線が右に200個移動する。図から、均衡価格が15,000円、均衡取引量が600個だとわかる。(1)の答えと比べると、眼鏡の人気が上がることで、均衡価格が5,000円上がり、均衡取引量が100個増加する。

3　眼鏡の供給者に税を課すと、眼鏡の供給曲線が左に200個移動する。図から、均衡価格が15,000円、均衡取引量が400個だとわかる。(1)と比べると、税を課すと、均衡価格が5,000円上がり、均衡取引量が100個減少する。

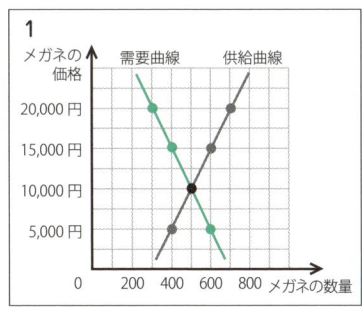

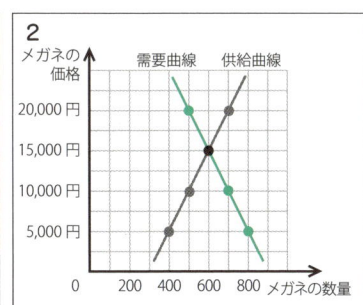

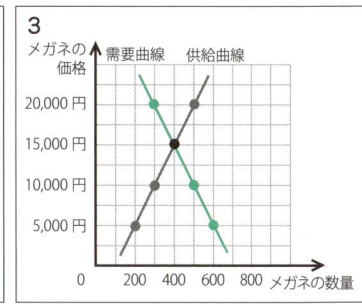

第6章

1　均衡では労働需要（d）と労働供給量（s）が等しくなるので、①式＝②式となる。つまり、$25,000 - 5w^* = 5w^* - 5,000$ と置き換えることができるので、$w^*=3,000$ となることがわかる。$w^*=3,000$ を①式（②式でも良い）に代入すると、労働量 $L^*=10,000$ となることがわかる。よって、均衡賃金率 $w^*=3,000$、均衡雇用量 $L^*=10,000$ となる。

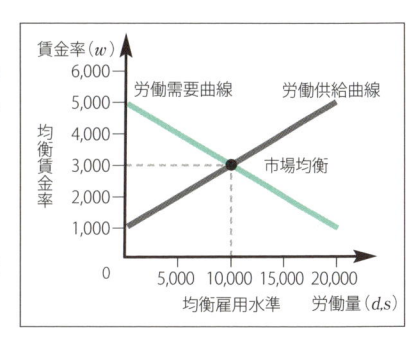

2　1で均衡賃金率は3,000、均衡雇用量は10,000となることがわかった。この問題では最低賃金制度によって賃金率が4,000以上でなければならない。均衡賃金率が最低賃金率を下回っているので、企業は賃金率を4,000にし、雇用量を減らす。①式に賃金率 $w=4,000$ を代入すると、労働量＝労働需要量 $d=5,000$ となる。

家計の労働供給量を見てみると、②に $w=4,000$ を代入して、労働供給量 $s=15,000$ となる。労働需要量が5,000で、労働供給量が15,000となるので、10,000の超過労働供給が発生していることがわかる。家計は働きたい時間よりも少ない時間しか働けない、あるいは働くことができない失業者が発生することになる。

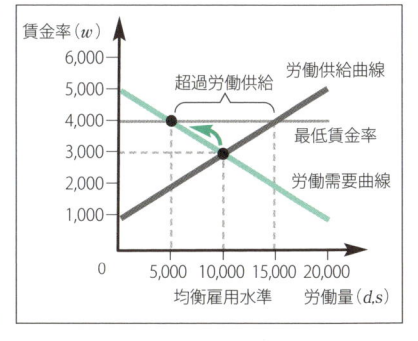

課題の解答

3 均衡では労働需要 (d) と労働供給量 (s) が等しくなるので、課題1と同様に③式＝②式となる。つまり、$25,000-2.5w^{**}=5w^{**}-5,000$ と置き換えることができるので、$w^{**}=4,000$ となることがわかる。$w^{**}=4,000$ を③式（②式でも良い）に代入すると、労働量 $L^{**}=15,000$ となる。よって、均衡賃金率 $w^{**}=4,000$、均衡雇用量 $L^{**}=15,000$ となる。最低賃金制度では労働量が減少したのに対し、補助金制度では労働量が増加する。

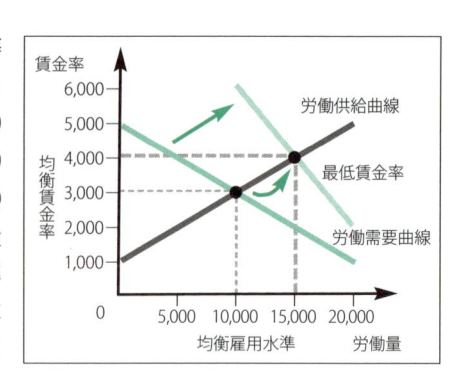

第7章

1 利得表は下記のとおり。次に、本文中に解説したナッシュ均衡の見つけ方のステップに従って均衡を求める。

STEP 1 バズの「直進」戦略、「ブレーキ」戦略それぞれに対するジムの最適反応を考え、そのときのジムの利得に下線を引く。
STEP 2 バズについても **STEP 1** と同様の作業をする。
STEP 3 ジムとバズの2人ともの利得に下線が引かれた戦略の組がナッシュ均衡。

		バズ	
		直進	ブレーキ
ジム	直進	−10 ， −10	<u>5</u> ， <u>−5</u>
	ブレーキ	<u>−5</u> ， <u>5</u>	0 ， 0

以上から、ナッシュ均衡は、（ジムの戦略、バズの戦略）＝（直進、ブレーキ）と（ブレーキ、直進）の2つがあることがわかる。このように、ナッシュ均衡は複数ある場合もある。うまくやるには、強引な相手には譲り、控えめな相手には強引にいくということ。

2 利得表は下記のとおり。次に、本文中に解説したナッシュ均衡の見つけ方のステップに従って均衡を求める。

STEP 1 麻里子の「東口待ち」戦略、「西口待ち」戦略それぞれに対する由紀の最適反応を考え、そのときの由紀の利得に下線を引く。
STEP 2 麻里子についても **STEP 1** と同様の作業をする。
STEP 3 由紀と麻里子の2人ともの利得に下線が引かれた戦略の組がナッシュ均衡。

		麻里子	
		東口待ち	西口待ち
由紀	東口待ち	<u>10</u> ， <u>10</u>	0 ， 0
	西口待ち	0 ， 0	<u>10</u> ， <u>10</u>

以上から、ナッシュ均衡は、（由紀の戦略、麻里子の戦略）＝（東口待ち、東口待ち）と（西口待ち、西口待ち）の2つがあることがわかる。待ち合わせでうまく会えないことがあるのは均衡が複数あるからである。

第8章

ゲーム・ツリーは以下のとおり。ゲーム・ツリーをもとに、本文中に解説した後ろ向き推論に従って実現する結果を見つければよい。

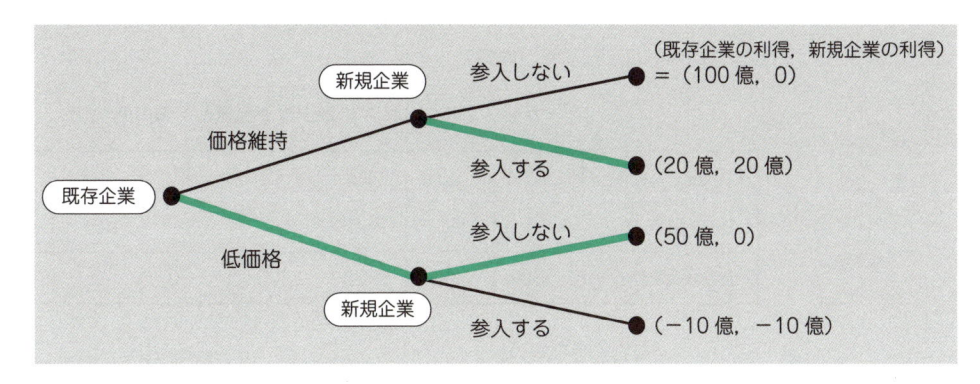

```
                            参入しない        （既存企業の利得，新規企業の利得）
              新規企業 ●――――――――●＝（100億，0）
       価格維持    ／       ＼
                ／           ＼参入する
              ／               ●（20億，20億）
  既存企業 ●
              ＼               参入しない
                ＼           ／●（50億，0）
       低価格    ＼       ／
              新規企業 ●――――――――●（－10億，－10億）
                            参入する
```

STEP 1 既存企業が「価格維持」を選んだ後の部分ゲーム

既存企業が「価格維持」を選んだ後の部分ゲームから、参入しないより参入する方が新規企業の利得は高いことがわかる。そのため、新規企業が合理的なら参入すると予測できる。

STEP 2 既存企業が「低価格」を選んだ後の部分ゲーム

既存企業が「低価格」を選んだ後の部分ゲームから、参入するより参入しない方が新規企業の利得は高いことがわかる。そのため、新規企業が合理的であるなら参入しないと予測できる。

STEP 3 結論

ステップ1と2において新規企業の行動を先読みした。このことを踏まえて、既存企業は、どうすればいいのか考える。既存企業が「価格維持」を選ぶと、新規企業は参入するため、既存企業の利得は20億円となる。既存企業が「低価格」を選ぶと、新規企業は参入しないため、既存企業の利得は50億円となる。よって、「価格維持」より「低価格」を選ぶ方が既存企業の利得は高くなるため、既存企業は「低価格」を選ぶことが合理的である。その結果、既存企業の利得は50億円、新規企業の利得は0円となる。以上のことを部長に報告すればよい。

ところで、この結果を面白いと感じないだろうか？　規制緩和が実施されたものの、新規企業は参入しなかったため、市場には、依然として既存企業しか存在しない。しかしながら、規制緩和後には、既存企業は、価格を引き下げた。このことは、消費者にとってはよいことかもしれない。このように、外部から参入するかもしれない潜在的な競争相手がいるだけで、既存企業の行動は変わってくる。

課題の解答

第9章

1 取引量30のケースを例に価格と利潤の計算を説明する。まず、価格は $da=80-p$ に $da=30$ を代入すると $p=50$ とわかる。次に、利潤＝収入（＝50円×30リットル）－総費用（＝20円×30リットル）であるため、利潤は900円である。他の取引量のときも同様に計算すれば以下の表が作成できる。

ガソリンスタンドAの取引量と価格と利潤の関係

取引量（リットル）	10	20	30	40	50	60	70	80
販売価格（円）	70	60	50	40	30	20	10	0
Aの利潤（円）	500	800	900	800	500	0	－700	－1,600

2 表から、ガソリンスタンドAの利潤がもっとも多いときは900円である。このときの価格は50円で、市場に供給されるガソリンの量は30リットルである。

3 本文でも説明したとおり、限界費用は供給曲線と一致する。この設問では限界費用は20円で一定であるため、これが供給曲線となり、$p=20$ と表すことができる。需要曲線 $d=80-p$ と供給曲線 $p=20$ の連立方程式を解くことで市場均衡を求めることができる。$p=20$ を $d=80-p$ に代入すれば、需要量 $d=60$ とわかる。よって、完全競争市場での均衡における価格は20円で、取引量は60リットルになる。

第10章

1 正の外部性は、他の人や企業に市場を通さずに便益を与えることである。逆に、負の外部性は他の人や企業に市場を通さずに費用を負担させることである。よって①と④は正の外部性、②と③は負の外部性の例となる。

2 問題文から、花壇は2人で同時に楽しむことができるので消費の競合性がない。さらに、花壇を手入れする費用を支払わなくても、きれいになった花壇を見ることができるので、排除可能性もない。つまり花壇は公共財であることがわかる。

翔と麻里子の限界便益を足すと社会的限界便益になる。社会的限界便益をまとめたものが以下の表である。

表 花壇の手入れから得られる社会的限界便益

	清掃1回目の限界便益	清掃2回目の限界便益	清掃3回目の限界便益
社会全体	19,000円	12,000円	5,000円

花壇の手入れを業者に頼むと1回あたり1万円かかる。つまり限界費用は10,000円である。社会的限界便益が限界費用よりも大きいところまで手入れすると、社会全体にとって望ましくなるので、花壇の手入れ回数は2回になる。

第11章

1 （1）欠陥車を保有している人が、欠陥車であることを隠す。
（2）正常車と欠陥車がどの割合で市場に出回るかを理解している買い手は、中古車を購入することの期待利得を計算し、購入するかどうかを判断する。
（3）その結果、正常車の取引は成立せずに、ある価格帯で欠陥車の取引のみが成立する（逆選択が発生）。
（4）第三者機関が品質に関する証明書を発行することや、行政が品質に関する情報を開示することを義務付けることで逆選択を解決することができる。また、購入後、一定期間内に故障した場合は返品することができるとすれば、それがシグナルとして機能し逆選択を解決することもできる。

2 （1）医師が適切な診療であるかどうかを隠す。
（2）儲け主義の医師であれば、患者の意思に反して過剰な診療を提供する。診療内容が正しいかどうか患者にはわからない（監視できない）ためモラルハザードが起こる。
（3）別の医師にも適切な診療であるかどうかを確認してもらうセカンドオピニオン制は医師の診療を監視する効果があるため過剰診療を抑制する効果が期待できる。

第12章

1 5年前の名目GDP＝500万円、今年の名目GDP＝560万円
5年前の名目GDPは健太の肉屋の付加価値と畜産農家の付加価値の合計となるので、以下のような計算となる。
5年前の名目GDP＝（2,000円×1,000kg）＋（3,000円×1,000kg）＝500万円
同様に今年の名目GDPは以下のような計算となる。
今年の名目GDP＝（3,000円×800kg）＋（4,000円×800kg）＝560万円

2 今年の実質GDP＝400万円
5年前の価格を基準とするので、5年前の価格を用いて実質GDPを計算する。
今年の実質GDP＝（2,000円×800kg）＋（3,000円×800kg）＝400万円

3 今年のGDPデフレーター＝140
GDPデフレーターは（名目GDP÷実質GDP）×100なので、今年のGDPデフレーターを計算すると以下のようになる。
今年のGDPデフレーター＝今年の名目GDP÷今年の実質GDP×100
　　　　　　　　　　　＝560万円÷400万円×100
　　　　　　　　　　　＝140

課題の解答

第13章

1 （1）均衡GDPとは計画支出線と45度線の交点でのGDPである。均衡GDPでは、①式と②式の計画支出額Eは等しくなる。したがってY*＝0.8Y*＋200という式が成り立つ。Y*は均衡GDPを表す。この式を解くと、Y*＝1,000となるので、均衡GDPは1,000になる。

（2）政府支出の計画額は計画支出額を構成する1つの要素である。政府支出の計画額が50増加すると、計画支出額はE＝0.8Y＋250になる。均衡GDPではY**＝0.8Y**＋250という式が成り立つ。Y**は均衡GDPである。この式を解くと、Y**＝1,250となるので均衡GDPは1,250になる。（1）と比べると均衡GDPが250増加することがわかる。

2 ① 所得税減税を実施すると消費の計画額が増加する。計画支出線が上へシフトして、均衡GDPが増加する。

② 公共事業費の削減によって、政府支出の計画額が減少する。計画支出線が下へシフトして、均衡GDPが減少する。

③ 投資の計画額が増加すると計画支出線が上へシフトして、均衡GDPが増加する。

④ 中央銀行が保有していた国債を銀行に売却して貨幣供給量を減少させるのは、売りオペレーションである。売りオペレーションを実施すると、貨幣市場での均衡利子率が上昇するので、投資の計画額が小さくなる。そうすると、計画支出線が下へシフトして、均衡GDPが減少する。

以上より、①および③が均衡GDPが増加する経済政策となる。

第14章

1 このオレンジ市場での需要曲線と供給曲線は第3章の課題と同じ設定であるため、解説は第3章で確認。

2 解説は第3章で確認。均衡価格は300で、均衡取引量は200となる。

3 4の解答の図中に記載。

4 オレンジの世界価格（400）は国内価格（300）よりも高いため、国内生産者は、海外へ財を輸出した方がより利益を得ることができる。よって、国内生産者は海外へ財を輸出する。これまでの国内価格では国内生産者は売らないため、国内の消費者は世界価格の水準で買わなくてはならない。その結果、次の4つのことがわかる。1つ目は、国内での取引価格は、世界価格と同じ400となる。2つ目は、国内価格が400のときに、供給曲線 $s=p-100$ から、国内の生産量が300となる。3つ目は、国内価格が400のときに、需要曲線 $d=500-p$ から、国内の需要量が100となる。4つ目は、国内生産量300と需要量100の差額である200が輸出量である。

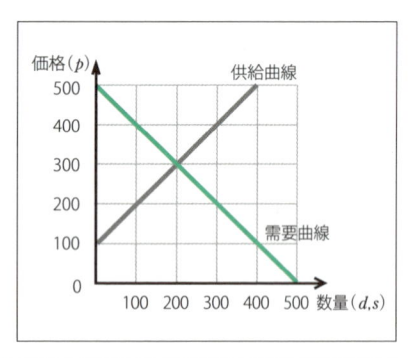

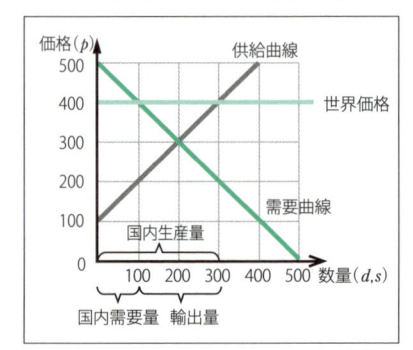

5　まず、貿易が開始される以前の状況を考える。貿易前は300の価格で取引されるため、貿易前の消費者余剰は右図の面積A＋Bとなり、生産者余剰は面積Dとなる。次に、貿易後を考える。貿易後は400の価格で取引されるため、貿易後の消費者余剰は右図の面積Aとなり、生産者余剰は面積B＋C＋Dとなる。これらをまとめると下表となる。

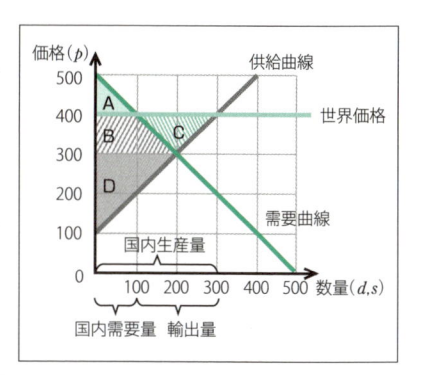

	消費者余剰	生産者余剰	総余剰
貿易前	A＋B	D	A＋B＋D
貿易後	A	B＋C＋D	A＋B＋C＋D
差（貿易後－貿易前）	B 減少	B＋C 増加	C 増加

　貿易前に比べて貿易後の方が、消費者余剰は面積Bが減少し、生産者余剰は面積B＋Cが増加した。総余剰は、面積Cだけ増加した。以上のことをまとめると、貿易を開始したことにより、高い価格で購入しなければならなくなった消費者は余剰を減らしたものの、より高くより多く販売できることになった国内生産者の余剰がそれを上回るため、社会全体としては余剰が増えた。

経済実験

　実験研究を中心とする学会（Economic Science Association）の会長（2011-2013年）をつとめ、2012年にノーベル経済学賞を受賞したアルビン・ロスは1995年の著書『The Handbook of Experimental Economics』において「実験研究の成果は定期的に経済学のジャーナルに現れている。このことは、自分自身では実験を行っていない経済学者の仕事に影響を与え始めている──研究と教育の両面において」と述べています。つまり、経済学での実験とは単なる研究メソッドではなく、教育メソッドとしても有効であるというのです。実験するときの驚きなり感動なりが、理解や記憶へとつながることはみなさんご自身も経験されているのではないでしょうか。

　本書では、講義とともに実験という体験学習を通じて経済学への理解がより深まることを期待して、いくつかの代表的な経済実験を準備しました。まずは、完全競争市場（3章）の実験です（4章と5章にも利用できます）。この実験は経済学の核となる「市場」を理解する手助けとなるでしょう。また、経済理論が市場をうまく説明できていることにも気がつくはずです。次に、市場がうまくいかない例として、寡占市場（9章）、公共財市場（10章）を扱った実験を用意しました。望ましい状態に到達できないことを自ら体験学習することができます。さらに、戦略的環境で何が起こるのかを分析するゲーム理論に関する実験もあります。ゲーム理論で用いられるナッシュ均衡（7章）や後ろ向き推論（8章）という重要な概念を理解することができます。これらの実験が、経済学の楽しさをみなさんにお伝えできると確信しています。

　経済実験について詳しい実施要領と実験データの説明書を作成しました*。本書をテキスト採用していただいた先生方に無料でさし上げます。詳しくは電話かメールでお問い合わせください。

◆ 問い合わせ先 ◆

〒101-0062　東京都千代田区神田駿河台1－7
　　　　　　弘文堂編集部　プレステップ経済学担当
TEL　03-3294-7003
メール　info@koubundou.co.jp

＊実験の説明書（インストラクション）の作成にあたっては西條辰義著『「市場って」なに？」』（経済実験1）、Charles Holt著 Markets, Games, & Strategic Behavior."Chapter 6"（経済実験4）を参考にした。その他の経済実験の説明書は先行研究をもとに筆者が作成したものである。

| 経済実験 1 | 取引実験 （第 3 章　市場の価格調整メカニズム）|

みなさんには、これからある商品の売買をしてもらいます。以下の売買のルールをよく理解してください。

1. 実験の説明をしたのちに実験者が参加者に 1 枚のカードを配布します。カードには、「買い手」か「売り手」のいずれかが書いてあるので確認してください。「買い手」、「売り手」と書かれている下に、2 つの数字が書いてあります。この数字は取引で用いる重要な情報なので、周りの人に見られないようにしてください。

2. 買い手と売り手の利益の計算方法を説明します。
   （1）あなたが買い手の場合
   　　あなたは商品を 2 個買おうと考えています。2 つの数字は、各々の商品に対して「支払ってもよいと考える最高価格」です。あなたの利益は次の式で計算されます。

   $$\text{利益} = \text{支払ってもよい最高価格} - \text{購入価格}$$

   　　たとえば、支払ってもよい最高価格が 5.5 万円だとします。3.5 万円で買えれば 2.0 万円の利益です。しかし、もし 6.0 万円で買うと 0.5 万円の損になります。あなたの最終利益は 1 個目を購入することによる利益と 2 個目を購入することによる利益の合計です。なお、購入する場合、支払ってもよい最高価格の大きい方から購入してください。できるだけ安く買ってより多くの利益を目指してください。もちろん、損をしてまで購入する必要はありません。

   （2）あなたが売り手の場合
   　　あなたは商品を 2 個持っており売りたいと考えています。2 つの数字は、各々の商品の「仕入値」です。あなたの利益は次頁の式で計算されます。

カードの例

以下は買い手と売り手のカードのサンプルです。空欄部分に必要な情報を記入して用います。

買い手 ID: _____	売り手 ID: _____
あなたが支払ってもよい最高価格は、 　1 個目は、_____ 万円 　2 個目は、_____ 万円	あなたの仕入値は、 　1 個目は、_____ 万円 　2 個目は、_____ 万円

> 利益 ＝ 販売価格 − 仕入値

　　　　たとえば、仕入値が 2.0 万円だとします。4.5 万円で売れば 2.5 万円の利益です。もし 1.5 万円で売ると 0.5 万円の損になります。あなたの最終利益は 1 個目を販売することによる利益と 2 個目を販売することによる利益の合計です。なお、販売する場合、仕入値の低い方から販売してください。できるだけ高く売ってより多くの利益を目指してください。もちろん、損をしてまで販売する必要はありません。

3．最後に、実際の売買の方法を説明します。実験参加者は、カードを持って取引場まで集まってください。価格は千円の単位までで、百円以下の位は切り捨てます。買い手は「〇〇円で買います！」と買値を叫び、売り手をさがします。売り手も「△△円で売ります！」と売値を叫び、買い手をさがします。

　　　売買が成立したら、その相手と一緒に実験者のところまで行き、売買価格を報告してください。実験者は売買価格を黒板に書きます。みなさんは、この価格を参考にしてもかまいません。1 個目の売買が済むと 2 個目の売買の相手をさがしてください。2 個とも売買が終了すると、実験者に報告した後に、座席に戻ってください。なお、売買の時間は 5 分間です。その間に、買い手も売り手も自分の利益をできるだけ大きくするように頑張ってください。

| 経済実験 2 | **数当て実験**（第 7 章　戦略形ゲーム）

みなさんには、これから次のゲームに参加してもらいます。以下のルールをよく理解してください。

1．0 から 100 の中から、整数を 1 つ選んで下の空欄に書いてください。書き終わったら切り取り線で切ってください。なお、制限時間は 3 分間です。

2．全員の記入が終了すると実験者が用紙を回収します。

3．実験者は、みなさんが選んだ数の平均値を計算し、その平均値を 2/3 倍します。そして、その数（平均値×2/3）を当選番号とします。

4．当選番号に最も近い数字を書いた人が当選者です。該当者が 2 名以上いた場合は抽選をして 1 人を選びます。

------------------------------------ ここで切り離して提出してください ------------------------------------

| 4回目 |

| 0～100 の整数を記入してください |

| 3回目 |

| 0～100 の整数を記入してください |

------------------------------------ ここで切り離して提出してください ------------------------------------

| 2回目 |

| 0～100 の整数を記入してください |

| 1回目 |

| 0～100 の整数を記入してください |

氏　名	
学籍番号	

氏　名	
学籍番号	

氏　名	
学籍番号	

氏　名	
学籍番号	

| 経済実験3 | **交渉実験**（第8章　展開形ゲーム） |

みなさんには、これから次のゲームに参加してもらいます。以下のルールをよく理解してください。

1. この実験には「提案者」と「応答者」の役割があります。

2. 提案者の手元には1,000円の初期資金があることにします。提案者は、記録用紙に記載された配分案Aか配分案Bのいずれかを選択し、応答者へ提案します。

3. 応答者は、提案された配分案を見た上で、「賛成」するか「拒否」するかを選びます。賛成すれば、その案で配分が決定します。拒否すれば、提案者も応答者も配分はゼロになります。

4. 実際の手順を説明します。まず、あなたは提案者としてAもしくはBのいずれを選択するのかを決め、記録用紙に○をつけてください。実験者が記録用紙を回収した後に、記録用紙をランダムに再度配布します。記録用紙が再度配られたら、あなたは次に応答者として選択します。配られた用紙にはすでにAかBの配分案に○がついているはずです。その配分案について、賛成か拒否に○をつけてください。その後、用紙を回収します。

5. 実験は2回繰り返されます。2回目の配分案は1回目が終了次第お伝えします。

----------ここで切り離して提出してください----------

2回目　提案者は、左下の太枠内のAかBに○をつけてください。
　　　　　応答者は、提案を確認したうえで、右下の太枠内の賛成か拒否に○をつけてください。

| 提案者 | どちらか選んでください　A・B |
| 応答者 | どちらか選んでください　賛成・拒否 |

	提案者	応答者
配分案A	（　　　　）円	（　　　　）円
配分案B	（　　　　）円	（　　　　）円

----------ここで切り離して提出してください----------

1回目　提案者は、左下の太枠内のAかBに○をつけてください。
　　　　　応答者は、提案を確認したうえで、右下の太枠内の賛成か拒否に○をつけてください。

| 提案者 | どちらか選んでください　A・B |
| 応答者 | どちらか選んでください　賛成・拒否 |

	提案者	応答者
配分案A	500円	500円
配分案B	800円	200円

経済実験4　クールノー競争実験（第9章　独占と寡占）

みなさんには、これからある商品を生産する企業として、生産量を決定してもらいます。ルールをよく理解して実験に参加してください。

1. あなたはこのクラスの中にいる誰かとペアになります。ペアとなった相手とあなたの選択に応じてあなたの獲得する利潤が決定します。実験は10ラウンド繰り返します。

2. 各ラウンドにおいて、あなたは生産量を決定します。生産量は、0、10、20、30、40、50、60、70、80、90、100、110、120のいずれかから選択してください。あなたの相手も同様にいずれかから選択します。

3. 市場での価格は、あなたと相手の生産量の合計によって決まります。価格の決定ルールは、下の表を見てください。たとえば、もし2人とも10を選んだ場合、生産量の合計は20となり、1単位あたりの価格は110円となります。また、互いの生産量の合計が130以上の場合は、価格は0円となります。

生産量の合計	0	10	20	30	40	50	60	70	80	90	100	110	120	130+
価格（円）	130	120	110	100	90	80	70	60	50	40	30	20	10	0

4. あなたも相手も10を生産するごとに100円のコストがかかります（1単位当たりの生産コストが10円ということ）。つまり、あなたが50を生産すれば、500円のコストがかかります。

5. これまでのおさらいをします。以下の例を用いて空欄を埋めてください。
   例：あなたの生産量が「20」で相手の生産量が「10」のとき
   （1）価格は、＿＿＿＿＿＿。
   （2）あなたの販売収入（＝価格×生産量）は、＿＿＿＿＿＿。
   （3）あなたのコスト（＝10×生産量）は、＿＿＿＿＿＿。
   （4）あなたの利潤（＝販売収入－総コスト）は、＿＿＿＿＿＿。

6. 実際の手順を説明するので、記録用紙の下半分を見てください。ラウンドごとに、左から右に向かって、あなたの生産量、相手の生産量、価格、あなたの販売収入、あなたのコスト、あなたの利潤を記入する欄があります。

7. 各ラウンドでは、最初にあなたの生産量を記入してください。このとき、あなたは、なるべく多くの利潤が得られるように考えて選択してください。記入が済んだら、記録用紙を実験者へ提出します。

8. 実験者があなたの記録用紙にペアとなった相手の生産量を書き込み、あなたに返却します。返却されたら、価格、あなたの販売収入、あなたのコスト、あなたの利潤を記入してください。これでこのラウンドの作業は終了です。同様の手順で第10ラウンドまで繰り返されます。

9. ただし、第1ラウンドは記入の仕方を確認するための練習とします。ここでは、相手の生産量は0であるとして意思決定してください。あなたの生産量などの必要事項を記録用紙に記入してください。すべての人が記入方法を理解したら、第2ラウンドを開始します。第2ラウンド以降が実験本番です。

記録用紙

下の方眼は、実験後に需要曲線と供給曲線を書きこむときに利用します。

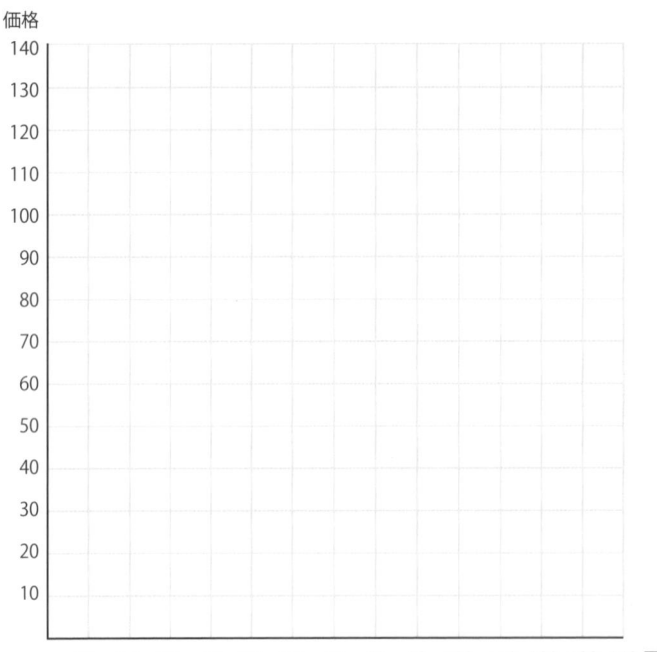

価格

----------ここで切り離して下半分を提出してください----------

あなたのID: _____

以下に記入してください。

ラウンド	あなたの生産量	相手の生産量	価　格	あなたの販売収入	あなたのコスト	あなたの利潤
1		0				
2						
3						
4						
5						
6						
7						
8						
9						
10						

| 経済実験 5 | **投資実験**（第 10 章　公共財と外部性） |

みなさんには、これから次のゲームに参加してもらいます。以下のルールをよく理解してください。

1. 教室にいるどなたかとペアを組んでもらいます。ペアは実験者が適当に組みます。ただし、誰と誰がペアであるのかは誰にも知らせません。

2. この実験では、あなたと相手のペアで投資ゲームに参加してもらいます。

3. あなたと相手それぞれに 24 単位の初期資金が手元にあることにします。

4. あなたも相手も 24 単位の資金の中からいくらか投資することができます。そして、投資をすることで配当を得ることができます。

5. 投資から得られる配当は 2 人に等分されます。具体的には以下のように決まります。

$$\text{あなたの配当} = 1.4 \times (\text{あなたと相手の投資数の合計}) \times \frac{1}{2}$$
$$= 0.7 \times (\text{あなたと相手の投資数の合計})$$

6. 上の式からわかるように、あなたが手元に資金を 1 単位残す代わりに投資に使えば、あなたは 0.7 単位の配当を得ることができます。このとき、あなたの相手も 0.7 単位の配当を手に入れることに注意してください。よって、あなたと相手のペア全体で手に入れる配当は 0.7 × 2 ＝ 1.4 単位だけ増加します。

7. あなたの利益は、あなたが手元に残した資金と投資から得られる配当の合計で決まります。あなたの利益は以下の式で表すことができます。

$$\text{あなたの利益} = (24 - \text{投資数}) + 0.7 \times (\text{あなたと相手の投資数の合計})$$

8. たとえば、あなたの投資数が 0 で相手の投資数が 0 のときは、次のように計算します。

$$\text{あなたの利益} = (24 - 0) + 0.7 \times (0 + 0) = 24$$

9. たとえば、あなたの投資数が 24 で相手の投資数が 24 のときは、次のように計算します。

$$\text{あなたの利益} = (24 - 24) + 0.7 \times (24 + 24) = 33.6$$

10. あなたは 24 単位の資金の中からいくら投資するかを決めて、下記の空欄に書いてください。投資数は 0 から 24 までの整数としてください。

------ここで切り離して提出してください------

0 から 24 の投資数（整数）を下記の空欄に書いてください。

| あなたの投資数：
（0〜24 の整数） |

おわりに

　経済学の入門書を執筆することはとてもむずかしい作業だといわれている。まだまだ経験の浅いわたしたちが執筆することは大きなチャレンジであった。実際に原稿を書いているときにも、さまざまな困難に直面することもあったが、なんとか出版までこぎつけることができたのは、多くの方々の支えがあったからである。

　本書の執筆をすすめてくださったのは、帝塚山大学学長の岩井洋先生である。お忙しいなか私たちの経済学教育に対する思いを真剣に聞いてくださり、このような機会を与えてくださったことに心からお礼を申し上げたい。また、岩井先生は大学教育のなかで重要性が高まっている初年次教育に熱意を持って取り組まれており、経済実験のような学生参加の試みを高く評価してくださることに深い敬意を表したい。大阪学院大学教授・大阪大学名誉教授の齊藤愼先生は、わたしたちの恩師であり、本書の監修者としてつねに適切な助言をくださるだけでなく、学生の理解度を意識するなど多くのことを教えてくださった。現在でも新鮮な感覚をもって研究や授業をされる姿は私たちの目標である。弘文堂編集部の外山千尋氏からは、経済学をはじめて学ぶ人の視点にたって、さまざまなアドバイスをいただいた。本書ができあがるまで、わたしたち以上に本書に対して愛情をもってくださったことに感謝する。各章のはじめと最後にある、翔・麻里子・健太・由紀のストーリーがおもしろいと感じられたならば、それはイラストを描いてくださった高嶋良枝氏の非常に大きな貢献である。

　本書の原稿を丁寧に読んでくださり、専門的な助言をくださった甲南大学の倉本宜史氏、大阪大学の松岡孝恭氏、高知工科大学の岡野芳隆氏、岐阜聖徳学園大学の稲垣雅一氏にも心から感謝している。大阪大学大学院の森田薫夫氏、大阪学院大学大学院の桂孝雄氏・左近太貴氏、同志社大学経済学部の舛友達朗氏、帝塚山大学山内研究室の堀本恵理子氏には、経済学を学ぶ視点に立って有益な助言をいただいた。ほかにも、ここでお名前をあげられなかった多くの方々の応援によって本書が完成したことを思うと込み上げるものがある。最後に、本書をこれから出会う学生たちに捧げたい。

2013年7月

著者一同

『プレステップ経済学』●索引

あ～お

- アナウンスメント効果……73
- 安全保障論……124
- 依頼人（プリンシパル）……95
- インセンティブ……13
- インセンティブ契約……97
- 後ろ向き推論……72
- 売りオペレーション……114

か～こ

- 買いオペレーション……114
- 外部性……87
- 価格競争モデル（ベルトラン競争）……81
- 下級財……23
- 家計……14
- 寡占企業……80
- 寡占市場……29
- 貨幣……112
- 貨幣供給曲線……114
- 貨幣需要曲線……114
- 貨幣乗数……114
- 可変費用……36
- カルテル……76
- 関税……124
- 完全競争市場……29
- 完全雇用GDP……110
- 機会費用……13
- 企業……14
- 帰属計算……107
- 帰属家賃……107
- 基礎消費……111
- 期待値……91
- ギッフェン財……25
- 逆選択……94
- 供給曲線……24
- 供給曲線上の移動……24
- 供給曲線のシフト……24
- 供給の価格弾力性……46
- 供給表……23
- 均衡……32
- 均衡価格……32
- 均衡貨幣量……115
- 均衡雇用量……51
- 均衡GDP……112
- 均衡賃金率……51
- 均衡取引量……32
- 均衡利子率……115
- 金融政策……110
- クールノー競争（数量競争モデル）……81
- クールノー＝ナッシュ均衡……81
- 経済循環フロー図……14
- ケインジアンの交差図……110
- ゲーム・ツリー……68
- ゲーム理論……58

- 限界……13
- 限界効用逓減の法則……96
- 限界消費性向……111
- 限界費用……13, 36
- 限界便益……13, 93
- 公開市場操作……114
- 公共財……85
- 公共選択論……85
- 合成の誤謬……106
- 行動経済学……19
- 国内企業物価指数……106
- 国内総支出（GDE）……101
- 国内総所得（GDI）……102
- 国内総生産（GDP）……100
- コースの定理……88
- 固定費用……36
- 個別供給曲線……29
- 個別需要曲線……29
- コミットメント……73

さ～そ

- 最終財……101
- 財政政策……110
- 最低賃金制度……54
- 最適反応……60
- シグナリング……95
- シグナリング理論……53
- 資産需要……113
- 市場……14
- 市場供給曲線……29
- 市場均衡……32, 51
- 市場需要曲線……29
- 市場の失敗……87
- 自然独占……79
- 実験経済学……19
- 実質GDP……102
- GDI（国内総所得）……102
- GDE（国内総支出）……101
- GDP（国内総生産）……100
- GDPデフレーター……104
- 私的限界費用……87
- 私的財……85
- 資本……15
- 資本のレンタル料……15
- 社会的限界費用……87
- 社会的限界便益……86
- 奢侈品……47
- 囚人のジレンマゲーム（社会的ジレンマゲーム）……64
- 終点……69
- シュタッケルベルグ競争……82
- 需要曲線……21
- 需要曲線上の移動……23
- 需要曲線のシフト……22
- 需要の価格弾力性……46

- 需要の所得弾力性……47
- 需要表……21
- 上級財……23
- 乗数効果……112
- 消費者物価指数……106
- 消費者余剰……36
- 消費の競合性……85
- 情報の経済学……97
- 情報の非対称性……91
- 所得効果……26
- 人的資本理論……53, 54
- 数量競争モデル（クールノー競争）……81
- スクリーニング……94
- スルツキー分解……26
- 生産可能性フロンティア……19
- 生産・支出・分配の三面等価（GDPの三面等価）……102
- 生産者余剰……37
- 生産物市場……14, 50
- 生産要素市場……15, 50
- 正の外部性……87
- 政府……14
- 政府の失敗……85
- 絶対優位……16
- 選好……59
- 選好順序……59
- 戦略……58, 59
- 戦略形ゲーム（標準形ゲーム）……59
- 戦略的環境……58
- 総供給曲線……109
- 総需要曲線……109
- 総費用……36
- 総余剰……38

た～と

- 代替効果……26
- 代替財……23
- 代理人（エージェント）……95
- 逐次手番ゲーム……68
- 中間財……100
- 超過供給……32
- 超過需要……32
- 超過負担……39
- 超過労働供給……52
- 超過労働需要……52
- 貯蓄のパラドックス……106
- 賃金……15, 50
- 展開形ゲーム……69
- 同時手番ゲーム……68
- 独占企業……76
- 独占禁止法……80
- 独占市場……29
- 特化……17
- 取引需要……113
- トレード・オフ……13

な～の

項目	頁
ナッシュ均衡	61
ノード（手番）	69

は～ほ

項目	頁
排除可能性	85
パーシェ物価指数	105
パレート改善	63
パレート効率的	63
比較生産費説	119
比較優位	17
ピグー税	88
ピグー補助金	89
必需品	47
品質調整	106
付加価値	100
物価指数	104
負の外部性	87
部分ゲーム	70
部分ゲーム完全均衡	72
プライス・テイカー（価格受容者）	29
プライス・メイカー（価格設定者）	29
フリーライダー問題	86
プレイヤー	58,59
ベルトラン競争（価格競争モデル）	81
ベルトラン＝ナッシュ均衡（ベルトラン均衡）	81,82
変化率	46
補完財	23
保護貿易	124

ま～も

項目	頁
マクロ経済学	14,99
マクロ経済指標	100
マネーサプライ	113
マネタリーベース	114
ミクロ経済学	14
名目ＧＤＰ	102
モラルハザード	95

や～よ

項目	頁
輸入数量制限	124
要素所得	102
幼稚産業論	124

ら～ろ

項目	頁
ラスパイレス物価指数	105
利潤最大化行動	76
リスク	91
リスク態度	93
利得（効用）	58,59,93
利得表（利得行列）	59
流動性（マネーサプライの）	113
労働供給曲線	50
労働サービス	15
労働需要曲線	50
労働の限界収入（労働の限界価値生産性）	55
労働の限界費用	55

人名索引

項目	頁
アカロフ，ジョージ	91
クールノー，アントワーヌ	81
ケインズ，ジョン・メイナード	111
スミス，アダム	30
ドラッカー，ピーター	76
ナッシュ，ジョン	61
パレート，ヴィルフレド	63
ピグー，アーサー	88
ベルトラン，ジョセフ	81
マーシャル，アルフレッド	32
リカード，デヴィッド	119
ワルラス，レオン	30

もっと知りたい人のために一覧

項目	頁
生産可能性フロンティア	19
所得効果と代替効果	26
調整過程	33
さまざまな費用概念の関係	40
需要の所得弾力性	47
なぜ労働需要曲線は右下がりか	55
「囚人のジレンマゲーム」の解決策	64
コミットメント	73
寡占市場のバリエーション	82
コースの定理	88
情報の経済学	97
帰属計算	107
総需要曲線とケインジアンの交差図の関係	117
貿易と環境	126

コラム一覧

項目	頁
行動経済学と実験経済学	19
ギッフェン財	25
豊作貧乏	26
見えざる手とワルラス競売人	30
税の費用と負担	41
日本の大学教育は役に立たない？	53
イケメンは得をするか？	54
協力は報酬なのか？	65
石取りゲーム	71
ゲーム理論と実験結果	72
最も成功した独占企業デビアス社	77
政府の失敗と公共選択論	85
財政の３機能	86
サンクトペテルブルクのパラドックス	96
ＧＤＰは高いほど幸せか？	100
ミクロとマクロの違い	106
貨幣の性質	113
自由貿易体制	125

著者紹介

監 修 ● 齊藤　愼 さいとう しん

　　　大阪学院大学経済学部教授
　　　大阪大学名誉教授　経済学博士
　　　専門：財政学、地方財政論、社会保障論、税制
　　　序章　執筆

著 者 ● 二本杉　剛 にほんすぎ つよし

　　　大阪経済大学経済学部　教授
　　　専門：行動経済学
　　　7・8・9・11・14章・終章・経済実験　執筆

● 中野　浩司 なかの ひろし

　　　大阪商業大学経済学部　講師
　　　専門：公共経済学、財政学
　　　1・2・3・4・5・10・13章　執筆

● 大谷　咲太 おおたに しょうた

　　　安田女子大学現代ビジネス学部　准教授
　　　早稲田大学ビジネス・ファイナンス研究センター講師
　　　三井住友トラスト基礎研究所　特別研究員
　　　専門：公共経済学、財政学
　　　6・12・13章　執筆

プレステップ経済学　経済実験で学ぶ

2013(平成25)年9月15日　初版1刷発行
2023(令和5)年4月15日　　同　6刷発行

監　修　齊藤　愼
著　者　二本杉　剛・中野浩司・大谷咲太
発行者　鯉渕　友南
発行所　株式会社 弘文堂　　101-0062　東京都千代田区神田駿河台1の7
　　　　　　　　　　　　　TEL 03(3294)4801　振替 00120-6-53909
　　　　　　　　　　　　　https://www.koubunndou.co.jp

デザイン・イラスト　高嶋良枝
印　刷　三報社印刷
製　本　三報社印刷

Ⓒ 2013 Shin Saito, Tsuyoshi Nihonsugi, Hiroshi Nakano, Shota Otani. Printed in Japan
JCOPY 〈(社)出版者著作権管理機構 委託出版物〉
本書の無断複写は著作権法上での例外を除き禁じられています。複写される場合は、そのつど事前に、(社)出版者著作権管理機構(電話 03-5244-5088、FAX 03-5244-5089、e-mail：info@jcopy.or.jp) の許諾を得てください。
また本書を代行業者等の第三者に依頼してスキャンやデジタル化することは、たとえ個人や家庭内での利用であっても一切認められておりません。

ISBN978-4-335-00088-1